河南大学以色列研究译丛

Authorized translation from the English language edition, entitled SPIES, INC.: BUSINESS INNOVATION FROM ISRAEL'S MASTERS OF ESPIONAGE, 1st Edition by PERMAN, STACY, published by Pearson Education, Inc. Copyright © 2005 by Pearson Education, Inc.Publishing as Financial Times Prentice Hall Upper Saddle River, NJ 07458. This edition is authorized for sale and distribution in the People's Republic of China(excluding Hong Kong SAR, Macao SAR and Taiwan).

All rights reserved. No part of this book may be reproduced or transmitted in any form or by any means, electronic or mechanical,including photocopying, recording or by any information storage retrieval system, without permission from Pearson Education,Inc.

CHINESE SIMPLIFIED language edition published by SOCIAL SCIENCES ACADEMIC PRESS (CHINA), copyright © 2024

本书中文简体字版由培生教育出版亚洲有限公司授权社会科学文献出版社出版。未经出版者书面许可，不得以任何方式复制或抄袭本书内容。本书授权仅在中华人民共和国境内（不包括香港特别行政区、澳门特别行政区和台湾地区）销售和发行。

本书封面贴有Pearson Education 激光防伪标签，无标签者不得销售。

版权所有，侵权必究。

间谍大师

情报、技术与以色列商业创新

Business Innovation from
Israel's Masters of Espionage

Spies, Inc.

〔美〕史黛西·珀曼 (Stacy Perman) 著
马丹静 张 瑞 译

社会科学文献出版社
SOCIAL SCIENCES ACADEMIC PRESS (CHINA)

谨以此书献给我的父亲伦纳德·珀曼

目　录

前　言　　　　　　　　　　　　　　　　　　i
致　谢　　　　　　　　　　　　　　　　　　i

第一章　拦截　　　　　　　　　　　　　　　1
第二章　开端　　　　　　　　　　　　　　　17
第三章　安全是创新的摇篮　　　　　　　　　38
第四章　头脑　　　　　　　　　　　　　　　70
第五章　窃听　　　　　　　　　　　　　　　88
第六章　情报搜集机构　　　　　　　　　　　105
第七章　天才部队　　　　　　　　　　　　　124
第八章　士兵故事　　　　　　　　　　　　　140
第九章　战火淬炼　　　　　　　　　　　　　153
第十章　间谍公司　　　　　　　　　　　　　175
第十一章　迎难而上　　　　　　　　　　　　200

注　释　　　　　　　　　　　　　　　　　　221
参考文献　　　　　　　　　　　　　　　　　231
译后记　　　　　　　　　　　　　　　　　　233

前　言

我最早接触8200部队是在撰写一篇讲述以色列高科技产业繁荣的杂志文章时。那是在2000年，以色列在短时间内跻身国际舞台，成为世界上最具科技创新活力的国家之一，这促使人们对这个地域狭小、具有抗争精神的国家议论纷纷。当时，以色列的初创公司数以千计，它在纳斯达克的上市公司数量仅次于美国和加拿大，位居世界第三。而在这个小国内部，总有大事发生。不可否认，这背后的驱动力就是以色列国防军，特别是它的精英技术部队。其中，8200部队尤为突出，虽然几十年来它一直隐于暗处，但它似乎是激发以色列创新活动的最耀眼的存在。

在以色列这个国家，国防军发挥着既广泛又特殊的作用，而在这个神秘的情报部队中，有一些本质上独特而有趣的东西，可以与美国国家安全局（NSA）相媲美。虽然与该部队有渊源关系的世界级科技公司本身就很了不起，但它们似乎只是拧成一根长绳的一条短线。独特的地缘政治和历史环境造就了以色列人独特的创新思维模式。如果说军队是这种思维模式最明显的体现，那么8200部队就是其最典型的案例。这种创新创业为以色列的国防和对外战争服务，很好地推动这个国家向新的方向发展。但它的故事并不是从高科技产业的繁荣开始的，也不是以高科技产业的崩溃结束的。事实上，在我看来，故事开始的时间似乎要更早一些。是什么力量在起作用呢？以色列是一个年轻的移民国家，它各方面都比较贫乏，且周边形势不稳定。但是，它有着深厚而丰富的创新底蕴。如果以色列能够创建世界级大学和研究机构，并在医学和科技领域取得重大突破，那么对我们来说，它有哪些经验可以借鉴呢？（毕竟，在2004年福布斯全球领先公司调查中，按地区划分，中东地区有9家公司上榜，其中8家在以色列）。

这个事实激起了我的兴趣。随后我发现，关于这个特立独行的创新者的国度，有一个更深刻、更广泛的故事可以讲述。从军队这个重要的地方入手，我一次次地被引向8200部队。从军队基础设施内部的一个情报单位到这个国家最具特色的企业家学校和创新理念孵化器，8200部队是如何做到这一切的？俗话说，商场如战场。就以色列而言，既要在充满变数的地区生存下去，又要承受只有不断创新才能保护自己的压力，两者的交叉组合对这个国家产生了广泛的影响。事实证明，间谍活动、反恐和安全防卫能够提供非常实用的商业经验。其与商业活动的联系值得我们研究，因为创新是商业活动最重要的组成部分，而它也出现在军事组织当中。

探讨这个话题并不容易。虽然近年来8200部队较多地在公开场合被提及，但关于它的大部分信息依然是保密的。多年来，8200部队一直是个不可叙说的存在，它长期所处的保密状态使其公共形象充满了神秘感。虽然高科技的繁荣打破了几十年来笼罩在这个部队的沉默壁垒，但它的许多退伍士兵依然不愿谈及他们在部队的经历。一位退伍士兵告诉我，之所以有这么多的退伍军人在离开部队后继续合伙工作，是因为他们不能向外人诉说他们在军队里做了什么。士兵之间有自己的秘密语言，但军中履历不能向外人展示。在获得该部队一些退伍士兵的信任后，我开始对这个课题进行详细研究。在此我感谢那些愿意与我分享其故事的人。

讲述这些个案和故事（或者更确切地说，讲述那些可以讲述的东西）不是为了破坏国家安全，而是为了看清整个"机器"的运行原理。从这些个案和故事中可以看出创新是如何扎根于以色列历史环境中的，以色列人的思维方式，以及以色列这个国家如何直面一切困难和挑战。考虑到这个话题的敏感性，在咨询以色列军事当局后，我对手稿做了一些修改。

访谈地点多选在咖啡厅、公司办公室或会议室，有时会选在军事基地和位于特拉维夫中部的以色列国防建筑群——基里亚（Kirya）。很多受访者要求只使用他们名字中的第一个字，其他人则要求完全匿名。所以，在此澄清，对于要求匿名的人，我给他们取了一些假名。但是，只要有可能，我就会核实这些人的身份。2003年和2004年初，为了写这本书，我在以色列待了将近9个月，收集各种公开档案资料，并进行了将近100次访谈。

那段时间的经历让人惊心动魄：自杀性袭击越来越频繁，以色列军队不断展开报复，与伊拉克的战争也近在咫尺。我一手拿着笔记本，一手拿着防毒面具，随时准备撤离。一个朋友建议我们计算一下从我的公寓到最近的防空洞的冲刺时间，以防伊拉克飞毛腿导弹袭来时来不及躲避。幸运的是，这种情况并未发生。相反，在紧张的局势中，尽管长期且致命的冲突冲击着以色列经济，消融了繁荣时期取得的各种成就，但以色列人的日常生活却保持正常，且充满活力。以色列人已经接受了生活在战争中的现实。而我一次次地震惊于他们的新想法是如何形成的——这些新想法可能转化成产品和公司。令人震惊的还有这个国家是如何避免陷入时代困境的，更确切地说，它会像蜕去旧皮肤一样甩掉困难，重新开始。咖啡厅和餐厅座无虚席，电影院和歌剧院也观者如堵。这里弥漫着一种显而易见的战斗精神，没有人屈服于日积月累的压力和亏损。我清楚地认识到，那些让大多数人望而却步的困难和挑战会在这里得到截然不同的诠释。它们被视为必须直面的障碍，被视为逆境中的机遇，而这就是创新的起点。

致　谢

本书需要在许多方面对一个不为外界所知的话题进行公开讨论。我最感激的是那些在特拉维夫、荷兹利亚和其他地方的咖啡馆里喝着咖啡，与我共度时光、分享想法的人。

如果没有这些人，这本书就不会问世。我要感谢鲍勃·斯莱特（Bob Slater），他敞开心扉，耐心地回答我的所有问题。特别感谢无与伦比的大卫·鲁宾（David Rubin），他用自己的方式创造了奇迹，他对我的帮助是无法充分衡量的，对此我感激不尽。在讨论及理清思路方面，我要感谢特拉维夫大学高科技管理学院院长加迪·阿里亚夫（Gadi Ariav）。还要感谢抽出时间，多次与我见面，并带我体验让人大开眼界的沙漠之旅的乌迪（Udi）。

我还要感谢多夫（Dov）、摩西（Moshe）、哈达萨（Hadassah）、赫泽（Hezie），格里罗特（Glilot）特别研究中心图书馆以及以色列国防军发言人办公室的支持与帮助，也特别感谢那些不愿透露姓名的人在幕后提供的近乎源源不断的帮助。

在我访问以色列的那几个月，感谢查娜·亚农（Chana Arnon）、塔玛·艾维达（Tamar Avital）、希拉·里克特（Shira Richter）的盛情款待，感谢他们与我进行的一轮又一轮的讨论。

第一章
拦　截

2002年1月3日，阿拉伯半岛沿岸

在黎明前如墨般的夜色中，红海变得波涛汹涌。冬日的阳光尚未洒满这片在阿拉伯语中被称为 *Al Bahr Al Ahmar* 的大海。停泊在也门、沙特阿拉伯和苏丹周围海域的渔船在乌云密布的黑暗中不断摇晃，一艘挂着汤加王国旗帜的老旧蓝色货船正向北、朝着苏伊士运河驶去，船上的13名船员大部分还在睡梦中。

以色列国防军（IDF）参谋长、陆军中将沙乌勒·莫法兹（Shaul Mofaz）坐在一架改装成空中指挥机的波音707飞机上，从空中观察局势。就在前一天，前精锐空降兵、职业军事家莫法兹取消了前往华盛顿的预定行程。现在，他在开阔的海面上空，透过特制的高倍望远镜注视着下方情况。透过望远镜，他认出了涂在船舷上的字母K-A-R-I-N-E-A。[1] 三个月来，以色列情报部门一直在监视这艘货船，因为它从黎巴嫩到阿拉伯海岸航行了3000英里。很快，以色列人就判定这艘载重4000吨的"卡琳娜-A"号货船是一艘从波斯湾地区偷运非法武器的船，它的目的地是加沙地区。

即便在最好的时代，中东也是地球上一个动荡不安的地方，它在2000年秋天变得尤为糟糕。该年9月，由以色列总理埃胡德·巴拉克（Ehud Barak）、巴勒斯坦领导人亚西尔·阿拉法特（Yassir Arafat）和美国总统比尔·克林顿（Bill Clinton）出席的戴维营会议未能就巴勒斯坦国问题达成最终解决方案，此后不久，巴勒斯坦人掀起因提法达（Intifada），即反抗以色列人的运动。在退役将军、即将成为以色列下一任总理的阿里埃勒·沙龙（Ariel Sharon）访问耶路撒冷阿克萨清真寺外的露天广场后，这场运动的破坏力倍增。在以色列警察的陪同下，沙龙挑衅地宣示犹太人对圣殿山（犹太人和穆斯林的圣地）的主权，该举动激怒了巴勒斯坦人，导致他们立刻爆发示威游行。从投掷石块到使用枪支，再到新一波的自杀性炸弹袭击浪潮，运动如火焰般迅速向南蔓延。随着以色列人开始追捕、暗杀有嫌疑的巴勒斯坦激进分子，以色列的报复行动也被打上暴力的烙印。现在，血腥的因提法达已经持续了15个月。尽管使用了各种外交手段，但这场运动距离结束依然遥遥无期。暴力吞噬了这个地区，使它成了一个随时可能爆炸的火药桶。

"卡琳娜-A"号和它装满武器的货舱对于平息动乱毫无帮助，漂浮在国际水域中的它既是一根易燃的火柴，又是一根导火索。在长达几十年的巴以冲突中，武器走私现象屡见不鲜。过去，巴勒斯坦人曾将武器运到被以色列人占领的土地上。据以色列人所说，大多数武器是通过加沙边境下方的地下隧道运进来的，这条边境线由以色列控制，一边是埃及，一边是位于加沙地带最南端的城镇拉法（Rafah）。但是大部分情况下，巴勒斯坦人通过地下隧道输送大量先进武器的努力都以失败告终。随着毁灭性攻击和反击活动次数的急剧上升，因提法达使《奥斯陆协议》[2]下确立的脆弱和平前景变得岌岌可危。此外，因提法达在混合武器中加入大量新型尖端武器的可能性也无益于恢复和平。

就在几周前的一次秘密会议上，自1948年以来几乎参加了每一场阿以战争的、身材肥胖的沙龙总理会见了莫法兹和以色列空军、海军领导人，他们讨论如何阻止"卡琳娜-A"号抵达其最终目的地。以色列人可以轻而易举地击沉这艘货船，未经证实的报道声称，以色列人过去参与过击沉船只的任务。他们也可以俘获这艘船只。8个月前的春天，以色列海军在距离海法海岸几十英里的地方扣押了一艘名为"圣托里尼"（Santorini）的渔船，这艘渔船从黎巴嫩驶来，正途经海法，前往加沙。船上载有防空导弹、反坦克导弹发射器、火箭弹和迫击炮弹。[3]

在具体操作方面，以色列的高级军事人员开始制订针对"卡琳娜-A"号的专项计划，以应对所有突发事件。不管做什么、怎么做，他们都要确保万无一失。当然，在繁忙的红海航道国际水域上，以航行的货船作为作战目标是十分困难的。首先，以色列人必须确定"卡琳娜-A"号确实是载有非法武器的船只。由于远离以色列管辖区域，执行计划需要以色列空军和海军的紧密配合。比较复杂的是，以色列飞机需要在中途加油，而习惯于监控以色列164英里海岸的海军巡逻艇也将在超出其日常行动范围的地方开展行动。而且，在距离以色列300

英里外的地方执行突击任务本身就存在着危险性。当然，距离也是个优势。海上距离太远，没有人会想到这里存在突袭的可能。这种规模的行动将开创先例。

然而，对以色列人来说，还有一个令人不安的因素。情报部门发现，"卡琳娜-A"号处在一个新网络的中心，他们声称，这个网络将中东国家、组织等联结在一起。扣押这艘船后，以色列人不仅能够中断它们的武器运输，同样重要的是，他们还可以将这种令人不安的关系公之于众。对以色列来说，这既是军事上的胜利，又是政治上的胜利。在"卡琳娜-A"号向目的地航行期间，阿拉法特曾公开谴责暴力，并承诺消灭恐怖主义，重启和平进程。事实上，后来在监狱接受采访时，船长奥马尔·阿卡维（Omar Akawi）告诉西方记者，在阿拉法特公开呼吁休战后，他曾期待收到终止任务的指令。[4]但遗憾的是，他并未收到这样的指令，"卡琳娜-A"号继续向目的地航行。当它穿过也门南端的曼德海峡时，阿拉法特正向以色列总统摩西·卡察夫（Moshe Katzav）释放善意：邀请他来约旦河西岸的拉姆安拉市（Ramallah），在巴勒斯坦议会发表演讲。

* * *

波音喷气式飞机上坐着莫法兹和以色列国防军的高级官员，包括海军司令耶迪迪亚·亚里（Yedidya Ya'ari）少将、空军司令丹·哈鲁茨（Dan Halutz）少将和以色列军事情报局负责人阿哈龙·泽维·法卡什（Aharon Ze'evi Farkash）少将，他们追踪行动进展，监视海上突击队的内部通信。他们在海洋上空巡视，随时向远在以色列的沙龙总理（沙龙本人参加过以色列的许多秘密行动，很有可能是他批准了这次行动）报告最新情况。第二架波音飞机是这次行动的后方指挥部，里面坐着副参谋长摩西·亚阿隆（Moshe Yaalon）少将、海军和空军副司令官和一些情报人员。F-15A战斗机负责提供空中掩护。[5]

黎明前夕，当"卡琳娜-A"号航行到沙特阿拉伯和苏丹海岸之间时，代号为"诺亚方舟行动"的任务开始了。

凌晨4时，在阿帕奇直升机的掩护下，以色列海军"达布尔"号巡逻艇冲向"卡琳娜-A"号。西科斯基CH-53运输机和黑鹰直升机从空中放下了橡皮艇，供来自第13舰队精锐部队的突击队员登船使用。与此同时，更多的突击队员从部署在附近的一艘海军指挥舰冲向"卡琳娜-A"号。一分钟不到，突击队员们就爬上货船，进入控制室，并制服了两名还没来得及拿枪反抗的船员。剩下的11名船员在床上睡觉时被戴上手铐，根本没有意识到甲板上发生的混战。当"卡琳娜-A"号被以色列人拦截时，这些船员被打得措手不及。[6]整个行动耗时8分钟，全程未开一枪。行动结束后，参谋长给远在特拉维夫的政府高层打电话。他向等待任务消息的政府高级官员报告说："一切尽在我们的掌握之中。"[7]

在一堆衣服和玩具下面，以色列突击队员发现了标着"易碎品"、装在防水塑料套里的木板箱。这种能沉入水下的木板箱大约有80个，里面装着50吨伊朗和俄罗斯制造的武器、炸药，价值数千万美元。这些武器、炸药足以武装一支小型军队，这与以色列情报部门认定"卡琳娜-A"号是一艘武器走私船的情报完全吻合。这些非法武器包括数十枚射程20千米、口径122毫米及射程8千米、口径107毫米的喀秋莎火箭弹，数百枚射程较近、口径 81 毫米的火箭弹，无数带有数百上千枚炸弹的迫击炮，还有萨格尔（SAGGER）和 RPG 18 反坦克导弹、狙击步枪、AK-47 突击步枪、杀伤性导弹和反坦克导弹。[8] 莫法兹后来说，这些武器的打击范围、数量和远程射击能力不可能是用于自卫或执法的。[9] 最令人震惊的是，在船上找到 3000 磅 C4 炸药，这些炸药足以制造成百上千枚自杀式炸弹，它们比自杀性爆炸袭击者的炸弹——那些装着钉子、螺母和螺栓以达到最大威力效果的简易炸弹——要致命且复杂得多。

以色列后来推测，按照原定计划，"卡琳娜-A"号将驶往亚历山大港，在那里将武器转移到较小的船只上，这些小船将沿着加沙海岸倾倒这些可漂浮的木板箱，而那里的渔船会将木板箱收集起来运到加沙地区。如果计划成功，这些武器将使反以武装分子发起的致命性行动再度升级，甚至可能使其发展为一场地区战争。事实上，因提法达已经夺去上千名巴勒斯坦人和以色列人的性命。然而，一旦拥有这些新的武器装备，以色列城市、乡镇的安全环境将变得非常脆弱，它们都处于反以武装分子的打击范围内，将受到来自他们的各种袭击。莫法兹在突袭后惊呼，"如果这类作战装备落入了针对我们的恐怖分子之手"，"它可能极大地增加以色列公民和以色列国防军士兵面临的安全压力，针对我们的恐怖活动也将急剧增加"[10]。

"诺亚方舟行动"充满了冒险、才华和想象力。更直白地说，这是军事上的一次惊人的胜利——是一连串可以拍成电影的、成功的特殊作战行动中的一个，其他成功的特殊作战行动包括把纳粹战犯阿道夫·艾希曼（Adolph Eichmann）从阿根廷的布宜诺斯艾利斯绑架到以色列的行动、在乌干达恩德培（Entebbe）机场营救人质的行动，以及在巴格达北部的奥西拉克（Osirak）炸毁伊拉克核反应堆的行动。虽然有意不大肆宣扬，但它确实是以色列情报部门的一次胜利。每次行动，不管规模大小，都依赖于情报的准确、及时，"诺亚方舟行动"也不例外。以色列《晚报》（*Ma'ariv*）的主编雅科夫·埃雷兹（Yaacov Erez）在一篇社论中总结了这次行动的重要性，他在社论中写道："找到'卡琳娜-A'号上的货物是这次军事突袭的主要目标，这次完美行动的意义在于，它展示了以色列国防军在远离以色列领土的地方表现出的令人刮目相看的作战能力，以及以令人敬畏的方式搜集情报的能力。"[11]

事实上，在突袭成功后的一次详情汇报中，以色列海军司令亚里先是祝贺空军和海军突击队为这次行动付出的努力，接着简要而间接地承认说这次任务"……是从搜集情报开始的……"[12]，然后他就打住了。

得益于情报部门搜集的信息，以色列人可以确切地知道这艘船是什么时候、由谁购买的，船上的致命货物是从哪里获得的，以及它的最终目的地是哪里。现在留给以色列人的唯一问题是如何处置这艘船。

早在一年前，以色列情报机构就已经注意到，某一中东大国支持的真主党正将武器和技术走私到以色列周边地区，协助阿拉伯人掀起反抗以色列的武装运动。2000年10月，他们了解到巴勒斯坦民族权力机构采购部负责人阿德尔·穆格拉比（Adel Mughrabi）（也被称为阿德尔·阿瓦达拉，Adel Awadallah）、巴勒斯坦海军警察指挥官朱玛·加利（Juma'a' Ghali）和他的副手法特希·加泽姆（Fathi Ghazem）与某些中东国家和组织的特工有联系。[13]次年8月，穆格拉比以40万美元的价格在黎巴嫩购买了这艘载重4000吨的商船。阿拉法特的高级财务官员福阿德·舒巴基（Fuad Shubaki）为这笔交易提供资金。从黎巴嫩起航的那一刻，这艘船就处在监控之中。

在纽约世贸中心和华盛顿五角大楼遭到恐怖袭击后不久，这艘船于9月12日在汤加王国注册，被命名为"卡琳娜-A"号。随后，阿卡维驾驶这艘船只，驶往也门的亚丁，随行的还有4名全副武装的船员与一群埃及和约旦水手。[14]虽然埃及和约旦水手认为自己有可能参与了某种走私活动——可能是贩卖偷来的音响和其他电子设备，但他们明显不知道其运载货物违法的严重性。据以色列媒体报道，在装运木条箱时，有一个箱子裂开，露出了货物的真面目，看到这一幕的埃及和约旦水手要求下船离开。据报道，他们得到的回复是，从那一刻起，"只有一个办法可以离开这艘船——那就是一枪爆头"[15]。

12月初，这艘船抵达位于波斯湾的伊朗基什岛（Island of Kish），据说它在这里遇到一艘载有某个中东大国武器和情报官员的渡船。这次行动后不久，有报道称，以色列情报机构暗示真主党高级特工伊马德·穆格尼亚（Imad Mughniyah）参与了这次行动。伊马德·穆格尼亚一直被怀疑是1983年美国海军陆战队驻黎巴嫩军营爆炸案和1985年美国环球航空公司847号航班劫机案的幕后主使，前者造成241名美国公民死亡，后者造成1名美国海军军官丧生，所以，穆格尼亚是遭美国联邦调查局通缉的头号外籍恐怖分子。以色列人也在通缉他，因为他们认为穆格尼亚要对1992年针对以色列驻阿根廷大使馆的恐怖袭击及两年后针对布宜诺斯艾利斯犹太人社团中心的恐怖袭击负责，前者造成29人死亡。最近，有报道称穆格尼亚与"基地"组织有联系。[16]

"卡琳娜-A"号载着这些武器于12月中旬启程前往迪拜，它在迪拜装载了一些用来遮掩武器的货物。接着，因为引擎问题，它在也门的荷台达临时停留一周，引擎修好后，它重新启航，绕过阿拉伯半岛前往它的目的地。1月3日，正当美国特使、退役将军安东尼·津尼（Anthony Zinni）准备会见阿拉法特，开始为期4天的、试图促成巴以停火的一系列会谈时，以色列当局宣布，其突击队员已突袭并占领"卡琳娜-A"号。现在，这艘悬挂着以色列国旗的船只正向北行驶，前往以色列南部的埃拉特港。突袭行动结束两天后，当"卡琳娜-A"号抵达埃拉特港时，数百名游客在布满岩石的海岸边欢呼鼓掌。[17]

攻占船只后，以色列政府在随后的新闻发布会上邀请记者和外交官前往埃拉特港，亲眼看看这艘被沙龙总理称为"恐怖之船""一颗滴答作响的定时炸弹""海上特洛伊木马"的船只。在船上，以色列国防军将缴获的武器排列成行，每件武器都做了标记并贴上了标签。在展示武器的时候，沙龙总理说"卡琳娜-A"号再次证明"一些政府一直把所有努力放在暴力活动上，以及为下一波暴力活动准备作战武器上"[18]。不久之后，以色列国防军在它的官方网站上发布了一段"卡琳娜-A"号藏匿武器的流媒体视频。

起初，一些国家否认与这件事情有任何关联，它们指责以色列一手编造了整个事件。后来又改口说这批武器是运往黎巴嫩的。实际上，一些美国官员也对以色列在最初报道中的说法表示怀疑，认为这些武器有可能是为黎巴嫩真主党准备的。以色列方面则声称有确凿的证据表明，这批武器就是运往以色列周边地区的。[19]然而，美国对该事件并非一无所知，据说美国情报部门也在追踪这艘船只，甚至与以色列人分享战略情报，但这种说法遭到以色列人的否认。[20]

尽管没有直接证据（即便有也不会公开）表明阿拉法特和"卡琳娜-A"号事件有联系，但他牢牢掌握着巴勒斯坦民族权力机构的财政大权，如此大规模的交易不可能在他一无所知的情况下进行。此外，卷入该事件的不是巴勒斯坦民族权力机构的边缘人物——而是非常接近总统核心圈子的人。船长奥马尔·阿卡维并没有掩饰这层关系。船只被扣押后，他在接受以色列电视台和西方记者采访时，他证实这些军火确实是运往加沙地区的。至于武器来源，阿卡维在一次电视广播中告诉以色列记者，"我是在波斯湾附近收到（隐藏武器）的，所以它可能来自哪里呢？你很聪明，可以自行推测"[21]。

* * *

厌倦冲突的世界人民对这一事件的认识有些矛盾，人们开始用越来越狭隘的眼光来看待这个地区日趋紧张的局势。但是，在以色列，这次行动却获得了许多赞扬和祝贺，它被视为军事力量和情报技术的完美结合。海军突击队员在空军掩护下突袭这艘货船，逮捕其船员，同时缴获危险货物。当然，整个行动任务都建立在信息的基础上，而这些信息来源于情报机构。正如一名前高级情报官员解释的那样，"你不能就这样进入国际水域,并控制接管一艘船只"。情报部门必须搞清楚这艘船正在进行非法武器走私活动。它必须确定"卡琳娜-A"号不是一艘运送T恤到埃及的商船,而是一艘走私船。这是一件非常复杂的事情,因为"卡琳娜-A"号航行了3000英里,途经许多国家,其中大部分国家都对以色列不友好。

在以色列,只有少数人明确知道执行这样一次行动需要付出什么样的努力。在神秘的以色列情报机构深处,存在着一个直到最近才为外界所知的机构。它是一个没有名字的极端隐秘的部队,它只有一个数字代号:8200。8200在希伯来语中的发音是shmone matayim,它被称为以色列情报部门的耳朵。这位前情报官员继续说:"重要情报都出自这个部队,军事行动是在情报基础上迈出的最后一步。"以色列人承担不起任何失误。他们需要确定这就是其要找的船,确定它要去哪里,什么时候去。8200部队通过与一些组织合作,在梳理解开情报谜题所需的信息方面发挥了重要作用。由于8200部队拥有监听、拦截、挖掘成千上万条信息的高科技创新能力,它能够帮助构建行动所需的要素。

以色列国防军建立技术情报部队,是为了大幅提高即时情报水平,对敌人即将采取的行动进行早期预警。这样的部队可以帮忙提供必要的,制定政策、战略所需要的原始资料,最终为采取军事行动提供依据。因为邻国都是阿拉伯国家,且历史上大部分时间与以色列处于战争状态,所以,以色列不仅需要实时情报,而且需要及时解读情报的技术手段。建国早期,从起步阶段开始,8200部队一直是由极具天赋的数学家和工程师组成的。据说,正是他们创造了以色列情报侦察的许多高度机密技术。8200部队操控着大量的信息,通过从电话、传真和所有其他类型的电子通信中截取大量的信息,提取有用的信息,建立能够把各点连接起来的抽象联系。8200部队还开发了一种复杂的系统,该系统可以捕获并解密敌人的传输信号,通过破解技术,将信号转化为可以理解的信息,最终揭示它们隐藏的含义。所以,8200部队处于以色列国防安全的中心位置。

近年来,对以色列的间谍活动来说,8200部队可能是比摩萨德等知名部门更为重要的存在。在8200部队中辛勤工作的人员,他们在很大程度上要为以色列情报部门的长期渗透行动负责。曾在8200部队服役17年的老兵鲁文(Reuven)说:"8200部队以某种方式参与到行动的每一个环节。8200部队要为这个国家历史上的每一个重要事件负责,不管是在战争时期还是在和平年代,最先获得大量情报信息的都是8200部队。"

直到近期,当公开提及8200部队时,如果有公开提及的话,也只是无伤大雅地称其为中央情报搜集部队。除了情报界,没有人知道8200部队。其成员们都在严守纪律的团队中工作,他们的贡献也只有他们自己知道。30多年前,也就是1967年的六日战争期间,发生了可能是窃听史上最著名的例子。当时以色列情报部门截获并记录了埃及总统贾迈勒·阿卜杜勒·纳赛尔(Gamal Abdul Nasser)和约旦国王侯赛因(Hussein)在战争第二天(也就是6月6日)的无线电话内容。[22]

　　纳赛尔:英国有航空母舰吗?
　　侯赛因:不清楚。
　　纳赛尔:很好,侯赛因国王如果发表(声明),我们也会发表一份声明。

侯赛因：谢谢您。

纳赛尔：没事，没事。

纳赛尔：早上好，我的兄弟，要勇敢。

侯赛因：总统先生，如果你有任何要求或想法……请随时告知。

纳赛尔：我们正在竭尽全力战斗。战线已经全面铺开。整个晚上都未停息，如果一开始有什么事情，没关系，我们会解决的，真主与我们同在。国王陛下会就英美参战发表声明吗？

侯赛因：（回答得不清楚）

纳赛尔：我向真主起誓，我们要发表一份声明，随后你也要发表，我们要确保叙利亚人也发表声明，称英国和美国的飞机正离开航空母舰，参加对我们的战斗。我们要声明并强调这一点。

侯赛因：好的。

纳赛尔：国王陛下，您同意吗？

侯赛因：（回答得不清楚）

纳赛尔：万分感谢，要坚强，我们会全心全意地支持你们。现在，我们的飞机一天到晚都在以色列上空盘旋，它们从早上开始轰炸以色列的空军基地。

侯赛因：万分感谢，再见！

在特拉维夫附近的一个基地，两名特工使用二战时期简陋的旧设备监听、记录了此次谈话的内容。意识到这段对话的政治价值后，以色列总理列维·艾希科尔（Levi Eshkol）和国防部部长摩西·达扬（Moshe Dayan）坚持公开这段对话，并在以色列、英国和联合国大会上播放它。该事件罕见地曝光了以色列获取情报的能力，尽管公开对话的行为遭到军事情报部门的强烈抗议。这段对话后来被人们称为"弥天大谎"，它捏造的英美阴谋论不仅羞辱了纳赛尔和侯赛因，还一度损害了他们与西方大国的关系。但是它的影响不止于此。虽然以色列人重创埃及的大部分空军力量，但纳赛尔并未向侯赛因国王提到这一重要细节。为了挽回颜面，这位约旦君主背水一战，与纳赛尔联手，加入战争。结果，侯赛因国王失去了一半的国土，把约旦河西岸输给了以色列人，这从根本上改变了中东的地缘政治版图。该事件的影响直到今天依然存在，它将数百万巴勒斯坦人置于以色列的控制之下，这一直是巴以冲突的一个根源。[23]

一般来说，情报组织成员不愿公开其搜集到的信息，以免暴露他们获得信息的源头和方法。2003年初，在联合国关于伊拉克是否拥有大规模杀伤性武器的辩论中，美国未能拿出确凿证据的一个重要原因是它不愿公开已搜集到的信息（当然，后来又出现了大规模杀伤性武器是否存在的棘手问题，这个问题在美国入侵伊拉克后一直困扰着布什政府）。事实上，纳赛尔和侯赛因的著名对话在短期内的确产生了巨大影响，但客观上也向以色列情报机构提出了更高的要求。事件发生后，阿拉伯人立即采取措施确保他们的通信安全，这削弱了以色列针对其邻国的信号情报（SIGINT）获取能力。此外，阿拉伯人不再那么确定他们将在何时、何地、以何种方式遭到监视。实际上，该事件发生后，也就是六年之后，当埃及人和叙利亚人准备发动突然袭击时（也就是1973年的赎罪日战争），他们非常防备以色列的信号情报获取能力。为此，他们不再通过电话、电缆和无线电话进行交流。[24]

直到将近20年后，以色列人才再次用深度情报活动换取政治利益。1985年10月16日，巴勒斯坦解放阵线①成员在地中海劫持前往以色列海港阿什杜德（Ashdod）的意大利游轮"阿基莱·劳伦"（Achille Lauro）号后，类似的情况再次发生。当劫船者被一名船员发现时，其开始偏离劫船计划既定路线。值得注意的是，他们枪杀了一名69岁的残疾乘客利昂·克林霍夫（Leon Klinghoffer），还将他的尸体和轮椅抛到海里。随后，他们试图驾驶游轮前往叙利亚，但被拒绝入境。最终，游轮驶入埃及的塞得港，劫船者在那里向埃及和巴解组织官员投降。但是，几乎从游轮被劫持的那一刻，以色列情报部门就通过电子手段拦截、监听埃及人的通信，并记录了劫船者和行动指挥者自游轮被劫持到靠岸的无线电对话内容。事件发生后不久，时任以色列军事情报局负责人的埃胡德·巴拉克公布了部分录音内容。为了撇清与劫船者的关系，巴解组织呼吁人们关注它为解决此事所做的外交努力，但现在它已经公开卷入这个事件当中。[25]

* * *

在情报界的猫鼠游戏中，以色列的特殊电子技术部队如8200部队会竭尽所能拦截敌人的传输信号，破译、分析其通

---

① 巴解组织的一个分支。——译者注

信的内容，无论这些信号源自何处、以何种方式传输。从最开始的时候，与世隔绝的电子情报世界几乎处于完全保密状态。由于情报工作的秘密属性，8200部队无法进行大规模技术服务采购活动，只能独自开发技术，寻找解决方案，以应对反恐和接连不断的战争所带来的独特挑战。这种情形反而成为创新的动力，推动某些最先进的商业技术在诸多领域的发展。后来，这些技术又应用到民用领域，如无线电信、数据加密、搜索引擎、防火墙、数据安全、数据和语音压缩、流媒体技术、DSP芯片和虚拟网络等领域。

面对众多独特的地缘政治挑战，以色列的建国者从一开始就知道，必须靠知识、计谋和创造力来支撑这个国家。战争频繁的环境造就了像8200部队这样的、可以长期投身战争的军事和情报机构。永不过时的安全和防卫问题衍生出来的副产品也成为创新的动力，其影响力扩大到以色列以外的地方。在这些人的理念中，创新是国家安全的基本支柱，他们将以平民的身份托起整个高科技产业，而这个产业的影响将延伸到以色列边界以外的地方。

第二章
开　端

英国委任统治下的巴勒斯坦，1948年……

1948年春天，英国结束了对巴勒斯坦将近30年的委任统治。敌对且摩擦不断的犹太复国主义者和阿拉伯民族主义者让英国感到疲惫不堪，由于无法推出让双方满意的解决方案，英国最终决定放弃巴勒斯坦。5月14日上午，留在巴勒斯坦地区的英国文武官员离开他们的岗位，准备从这片古老的土地上撤走，飘扬在耶路撒冷上空的英国国旗也最后一次降下。当天下午4时，大卫·本-古里安（David Ben-Gurion）站在现代犹太复国主义创始人西奥多·赫茨尔（Theodore Herzl）的巨幅照片下，宣布在巴勒斯坦建立犹太人的国家。当时除了断电的耶路撒冷[1]，所有地方的犹太人都在收听即将成为以色列总理的本-古里安发表的建国宣言。他在位于罗斯柴尔德大道（Rothschild Boulevard）的特拉维夫博物馆（Tel Aviv Museum）宣布："凭借我们与生俱来的权利以及联合国大会决议，我们在巴勒斯坦地区建立一个犹太人的国家，这个国家将被称为以色列国。"[2]

埃及人在当天晚上开始对以色列进行空袭。第二天，叙利亚、外约旦、伊拉克和黎巴嫩的阿拉伯军队与埃及联手，进攻新生的犹太国家。这从来不是一场对等的较量。面对装备良好、训练有素的阿拉伯军队的联合攻击，以色列士兵衣衫褴褛，不仅在数量上远远少于阿拉伯邻国，还几乎没有重型武器，比如火炮、装甲车和飞机。随着时间的推移，人们对战争的许多细节进行了详尽的讨论，但最终，羽翼未丰的以色列军队利用其人数少得可怜的士兵，组成一支机动灵活、纪律严明的战斗队伍，击退了缺乏组织、各自为战的阿拉伯军队。简而言之，以色列人在这场战争中随机应变、即兴发挥。

例如，在耶路撒冷战役中，犹太军队用自制的"大卫卡"（Davidka）迫击炮将伊拉克军队赶出西耶路撒冷。大卫卡是以制造它的工程师大卫·莱博维茨（David Leibovitz）的名字命名的，它发出的轰隆声比实际造成的伤害更可怕。最初的"大卫卡"迫击炮是没有膛线的，所以当它发射炮弹时，往往白费力气，打不中目标。"大卫卡"迫击炮能做的是在空中发出可怕的轰隆声。当时以色列人只制造了少量的"大卫卡"迫击炮，他们把炮装在车上，发射几轮炮弹后，开着车把它们运到另一个地方，从而造成一种错觉，即有许多这样的威力巨大的迫击炮包围着这座城市。这种虚张声势的策略起到了作用，它还被应用到北部城镇萨费德（Safed）和沿海城市特拉维夫的战斗中。轰隆的响声吓坏了阿拉伯人，他们匆忙撤退，丝毫没有意识到伤害他们的只是一个虚张声势的"噪声机器"。

这场战争持续了近8个月，有长时间的激烈战斗，也有暂时的停火期。到战争最终结束时，以色列不仅保住了联合国分治决议（阿拉伯人一年前拒绝接受该决议）划给它的5600平方英里土地，还占领了内盖夫（Negev）和西加利利2500平方英里的土地。以色列人克服了重重困难，取得了重大胜利。同时，它也付出了惨痛的代价，超过6000人（约占犹太人口的1%）在战斗中丧生[3]，而他们刚刚结束的战斗实际上是更大规模战争开始的序幕。

看看历史上勾画的这个地区的地图，这里与其说是一个具有明确边界的国家，不如说是一个由错综复杂的边界、分区、飞地和通道构成，勾勒和分隔了众多统治实体、部落和人口的地理区域。1948年的地图也是如此，它是根据以色列人所说的独立战争、阿拉伯人所说的大灾难绘制而成。在这个地图上，耶路撒冷是一个分裂的城市，以色列人统治着城市的西部，约旦人占领着城市的东部，包括耶路撒冷老城和它的圣地，还有整个约旦河西岸地区。埃及控制着被称为加沙地带的沙质区域。被迫或自愿逃离战区的巴勒斯坦人成为阿拉伯土地上的难民，或作为以色列阿拉伯人留在停火线内。新划定的边界在未来几十年一直存在争议。阿拉伯人对以色列国的敌意将给以色列人带来双重遗产——无休止的安全防卫需求以及为了保障安全所进行的警惕性创新。

对这块充满争端的土地来说，现在被称为以色列的国家算不上什么"战利品"。无法保障的安全问题只是它需要面对的众多尖锐、紧迫的问题之一。这个被地中海和敌对的阿拉伯邻国包围的国家土壤贫瘠，自然资源匮乏。在四分五裂的奥斯曼帝国统治的四个世纪里，这里死水一片，疏于监管，又饱受战争摧残，至今尚未恢复。这个时期，为了修建一条通往阿拉伯沙漠的铁路，奥斯曼人大量砍伐森林，使这个地区的植被不断退化，最终导致土壤沙化，村庄荒芜，柑橘园被毁。狩猎探险活动几乎导致当地的野生动物如羚羊和野山羊绝种。到19世纪第一波犹太定居者到来时，北部只剩下疟疾高发的沼泽地，而南部则沦为沙尘暴多发区。

有一张拍摄于1909年特拉维夫建立后的棕褐色档案照片，照片显示雅法（Jaffa）港以北是一片无人居住的荒凉沙丘，一群奇怪的欧洲新来者聚集在这里，准备以抽签的方式决定他们新家的选址，这些人不顾地中海闷热的气候，戴着帽子，穿着扣得严严实实的正装，他们似乎走错了地方。这群理想主义者虽然穷得要命，但他们的想象力似乎并不匮乏。这些新移民以不可思议的速度把这片荒凉之地变成了一座繁荣的现代城市——一个文化、教育和商业中心。受包豪斯学派和其他建筑学派影响的国际风格的建筑很快取代了沙丘，这里还出现了一条海滨长廊，两旁是豪华酒店和咖啡店。假以时日，玻璃幕墙的大厦将成为以色列世界级钻石交易中心所在地。后来，被誉为微型硅谷的工业园区出现了，它将以色列转变成一个高科技经济体。对以色列人来说，建国是一次历史性飞跃，特拉维夫则代表着以色列人走向进步和现代化。

以色列国是建立在犹太复国主义理念之上的。在这种理念的指导下，来自世界各地的、渴望在历史家园中寻求庇护的犹太人将建立自己的国家。1917年，《贝尔福宣言》提出让犹太人在巴勒斯坦地区建立自己的民族家园，这是对犹太人两千年流亡生活所产生的问题的回应，它解决了过去的问题，而犹太人也将成为经验丰富的问题解决者。19世纪，第一波犹太定居者离开位于俄国和东欧的家乡，启程前往巴勒斯坦。定居者们在里雄莱锡安（Riishon Lezion）、罗什平纳（Rosh Pina）和锡川雅科夫（Zikhron Ya'akov）建立农业社团。与他们做伴的还有少数生活在圣城耶路撒冷、希伯伦（Hebron）、萨费德和提比里亚（Tiberias）的犹太人，以及生活在沙漠的贝都因人和阿拉伯人，后者大多数生活在遍布这片土地的村庄里。在犹太复国主义的驱使下，这些早期拓荒者满脑子都是建国梦想。许多人断定，他们现在面临的艰苦生活要比他们原来的生活更加美好。其他人则不这么认为，1904~1914年，数千名犹太人在来到巴勒斯坦几年后就返回欧洲或移民美国了。

从一开始，以色列人就面临着因地理环境、可持续性、抵制、禁运、安全等每一个可能性变化所带来的严峻挑战。他们遭遇的各种困难，决定了他们那里的生活节奏。以色列国已经消失了几千年，这就使现代以色列人不得不重新建国。他们确实做到了这一点，一边发展这个国家，一边在巨大的经济负担下保卫这个国家。以色列不过是一个伪装成现代国家的移民营地，它白手起家，努力发展壮大。定居者排干沼泽，植树造林，修建道路，构建教育和政府系统。他们复活了濒临灭绝的语言——希伯来语，把它变成一种现代社会的日常用语。以色列作家阿摩司·奥兹（Amos Oz）曾这样描述这个新国家，"……以色列国：一个仓促建立的难民营，一个油漆未干的地方。在寒酸的新住宅开发项目中，有来自马拉喀什（Marrakesh）、华沙（Warsaw）、布加勒斯特（Bucharest）和东欧犹太小镇的外国风格遗存，这些新建筑却建在沙地里"[4]。

与它的许多邻国民众不同，以色列人不能简单地在地下勘探石油；他们必须摆脱对自然资源的依赖，利用他们的主要资源：聪明才智。从建国之初起，以色列人就把科学与建设国家的概念结合起来。当然，这也为以色列实现自给自足，并取得重大突破奠定了基础。在以色列，苦难、国防和创新是紧密联系在一起的。

在其短暂的历史中，以色列吸收了一波又一波的移民：逃离栅栏区贫困和恐怖生活的俄国移民，逃离纳粹屠杀的欧洲犹太人，抛弃社团遗存的大屠杀幸存者，孤立生活几个世纪、最终摆脱肮脏环境和残暴政权的埃塞俄比亚人，逃离经济困难和军事独裁的拉美犹太人，以及被他们的客居国、邻居从埃及、伊拉克、也门和叙利亚驱逐到以色列的犹太难民，这个新成立的犹太国的发展前景并没有让他们感到激动。除此之外，还有来自欧洲和北美的相对富裕的犹太移民。以色列成了像美国一样的大熔炉，只是它是被迫如此的，它不得不吸纳大量不断改变其人口平衡、对已经捉襟见肘的社会资源构成挑战的新来者。1948~1951年，随着约70万人涌入以色列，以色列人口几乎翻了一番。20世纪90年代，约100万名俄裔犹太人来到以色列。[5]这个移民国家汇集了来自60多个国家的清晰可辨的口音。以色列就像一首语言交响乐，可以听到俄语、英语、阿拉伯语、法语、西班牙语和许多其他语言与希伯来语来回切换。

移民是转动以色列社会车轮的曲柄，也逐渐演变成一种有条理的混乱。移民的不断涌入意味着这里的文化是不断发展的。这里汇集了拥有不同技能、背景和能力的人，他们让以色列社会充满活力。事实上，1969~1974年担任以色列总理的果尔达·梅厄（Golda Meir）出生在基辅市①，她在美国的威斯康星州的密尔沃基市长大，并于1921年来到英国的委任统治地巴勒斯坦。以色列第八任总统摩西·卡察夫（2000年当选总统）1945年出生在伊朗的亚兹德（Yazd），他在六年后移民以色列。在以色列，移民多样性是一种资产，从中涌现出大量的观点和想法。来自阿拉伯国家的犹太人做出了包括提供情报在内的诸多贡献；俄裔犹太人中的工程师帮助提高以色列的技术产出；来自欧洲和北美的犹太人则提供了许多领域的专业知识，包括建设国家、加强以色列与其来源国的联系等。这种混乱状态造就了一种胆大心雄的性格——一种以高度发达的生存机制为基础的天生的创造力。

以色列人的特点是分秒必争，这种紧迫感可以说无处不在。以色列人能够生存下去完全取决于其能发现问题、迅速调整并做出改变，历史和地理因素只会增强这种紧迫感，并形成一种看重当下的处事风格。以色列人说话速度很快，他们开起车来非常快，仿佛面临世界末日一样。事实上，在这个不缺乏悖论的国家，其中一个悖论就是：在2002年巴勒斯坦人因提法达期间，死于交通事故的以色列人比死于恐怖袭击的以色列人多。[6]尽管取得了令人钦佩的成就，但以色列人最显著的能力不是经营一家跨国公司或开展一项需要长期自律的大型项目。

以色列是一个艰苦的、充满活力的地方。它一直处在战争状态，对外需要抗击恐怖主义，对内需要同各种矛盾作斗争：

---

① 乌克兰的首都兼经济、文化、政治中心。——译者注

种族冲突、贫富差距以及撕裂大多数社会的宗教-世俗分歧。与此同时，这个国家的经济和政治体系在自身的压力下似乎处在随时崩溃的边缘。多重困境的交织使以色列注重解决问题，热衷于走捷径。如果遇到障碍，仅仅把它移开或想办法绕过它是不够的，必须用多种方式、多种手段来清除障碍。这有时会带来巨大的成就，有时却只会制造问题：粗制滥造的建筑、政治上的误判、经济上的失误，以及比起实用主义，更偏爱权宜之计的做事方法。但无论如何，以色列总是带来一些新的东西。在以色列没有什么是不可侵犯的，你可以质疑一切，推翻一切。毕竟，这个地方曾出现过这样一群以色列人和巴勒斯坦人，因为不满各自政府在和平问题上的裹足不前，他们在2003年飞到瑞士日内瓦，私下敲定一份协议，这个协议大致勾勒了涉及两国永久地位问题的草案。[7]凡事总有改进的空间。发明创造、意识形态和多元主义的强大动力已经在这个国家生根发芽。以色列人喜欢说，在这个地方迎战不可能是一种生活方式。作家埃弗赖姆·基雄（Ephraim Kishon）将这个地方描述为"一个没有人期待奇迹，但每个人都将奇迹视为理所当然的国家"。[8]

* * *

西蒙·佩雷斯（Shimon Peres）是以色列的政坛常青树，一位有远见的思想家，同时也是国家发展的重要引领者。1934年的时候，11岁的佩雷斯从波兰沃罗津（Wolozyn）移民到巴勒斯坦地区。早年留下的唯一明显印记可能是他那仍能听出来的波兰口音。从一开始，佩雷斯就坚定地认为，以色列的未来取决于它的智力资本和科学技术的创造性应用。"有人说过，犹太人的历史文明要比它的地理空间丰富，身为一个年轻人，我想到的是，'你如何弥补这一点呢？'"2003年1月，他领导的工党（Labor Party）在全国大选中败北。三天后，在一个阳光明媚的周五早晨，佩雷斯在特拉维夫的办公室里沉思。当被要求谈谈以色列创新源泉时，这位满头银发的老政治家开始从自己的故事说起。在他身后摆放着1994年与已故总理拉宾和巴勒斯坦民族权力机构主席阿拉法特共同获得的诺贝尔和平奖奖章。他解释说："我们必须重新寻找平衡，调和历史文明和地理空间之间的矛盾。我认为我们可以用技术来弥补地理空间上的不足，我认为只有技术才能弥补我们小国寡民的不足之处。"

佩雷斯几乎担任过国家的所有高级职务：从国防部长、外交部长、财政部长到总理（担任过两次）。与传统上构成政治精英核心的粗犷将军不同，佩雷斯给人的感觉更像一名欧洲学者。他博学多识，穿着漂亮的西装，桌上摆着一堆等着阅读的书。另外，他没有在军中服役过。但是，在27岁时，他受导师大卫·本-古里安委派，在国家饱受战争蹂躏的初创年代与法国、德国和美国进行了一系列大规模的军火交易。事实上，佩雷斯——这个如今与和平进程有着重大联系的人——主要负责加强以色列羽翼未丰的国防力量。以色列之所以能成为重要的军事强国，在很大程度上得益于佩雷斯在建国初期达成的一系列武器采购、联合武器研究和生产协议。

关于佩雷斯的贡献和倡议，简要罗列一下就令人瞩目。他一直是个梦想家，能看到其他人看不到的可能性。1951年，他让本-古里安相信,虽然以色列缺乏基础设施,且财政拮据,但仍然可以发展自己的飞机工业。他们来到加州的伯班克(Burbank),拜访佩雷斯的故友阿尔·修默(Al Schwimmer),后者做维修飞机的生意。一年前,修默因购买美国过剩的军用飞机、武器,帮助以色列赢得1948年独立战争而被判有罪,罚款1万美元,还被取消美国国籍。[9]修默说:"大家都把我当成笑柄。"然而,他说服本-古里安在以色列发展飞机工业。回到以色列后,修默帮助成立了以色列航空工业公司(Israel Aircraft Industries,IAI)。一开始是翻新旧飞机,后来以色列航空工业公司开始研发战斗机和商用飞机,它的子公司开发出了一系列令人印象深刻的机载电子战系统。如今,以色列航空工业公司是以色列最大的用人单位,它每年创收20亿美元,其中80%的创收是从出口活动中获得的。[10]1958年,佩雷斯力排众议,精心策划在南部的内盖夫沙漠城镇迪莫纳(Dimona)附近建一座核反应堆,从而使这个贫穷的小国拥有了核威慑力量。他说:"世界上没有小国家,只有受限的思想。"佩雷斯对这句话的措辞感到满意,把它写到一个小皮面笔记本上,以便以后能够想起。

如今佩雷斯已经80多岁[①],他的工作还远未结束。他与巴勒斯坦人谈判,达成《奥斯陆协议》,而第二次因提法达期间,暴力行为的扩散实际上已经使他所倡导的"新中东"梦想——以色列与其阿拉伯邻国和谐共处、自由贸易的梦想——往好处说是变得不合时宜,往坏处说是遥远的幻想。当时的佩

---

① 佩雷斯于2016年9月去世,享年93岁。——译者注

雷斯在国外可能比在国内更受欢迎，他可能很难巩固重新获得的政治领导权，但他如今的远见卓识与首次宣扬"国家科学化"之必要性时并无太大不同。以色列是一个依靠且必须依靠创新生存的国家。他解释道："以色列盛产思想，而世界在思想方面比较缺乏。"接着他身体前倾，倚着他的那张超大木桌，提出自己的一些想法。在佩雷斯看来，首先要发展的是纳米技术，这是一个利用生物化学、物理、材料科学和电气工程等学科来制造分子大小仪器的新兴领域。"我们能够制造一种装在针头上的计算机配件。45年前，我想到了核能，现在我想到了纳米技术。"他还勾勒了10年后的世界，届时全球反恐战争将激发人们对新式武器的需求。"我们将用隐形反通信仪器使整个通信系统瘫痪。"最后需要解决的是海水淡化问题，当然还有和平问题。

如果有一种东西是以色列人不缺乏的，那就是问题，以色列人不缺乏问题。佩雷斯谈话的核心内容很简单：环境迫使以色列拿出一系列生存方案。佩雷斯耸耸肩说："我们没有地方可以求助。我们没有土地，没有水，所以我们还能做什么呢？我们社会的罗盘是指向西方的，但我们没有西方的资源。相反，我们有很多敌人。"佩雷斯继续以他幽默风趣的风格讲述一个后来获得诺贝尔奖的小男孩的故事。"每天放学后，他的妈妈都会对他说：'你今天问了一个好问题吗？'这正是我们善于解决问题的核心所在。"

他说，除此之外，变革和创新是以色列精神中根深蒂固的一部分。"一般来说，犹太人从不满足于现状。"佩雷斯继续说："从摩西和亚伯拉罕时代起，犹太人一直是一个不遵从规则的民族。无论得到什么，他们都想变革。即使现在当我们从美国购买设备时，我们仍想改进它。我很喜欢这个关于以色列译者的笑话，他把契诃夫的作品从俄语翻译成希伯来语。翻译完成后，他在介绍这本书时说：'这是翻译、完善后的契诃夫的作品。'"佩雷斯大笑道："这就是我们的性格，我们一边翻译，一边完善。"

从本质上说，犹太复国主义改变了欧洲的许多概念，它以一种创办新企业的形式——建设国家的形式调整、完善流散地的生活。巴勒斯坦犹太人在许多领域开创新技术：他们创建了国家卫生和教育体系，发展社会主义经济，并与这些新企业密切合作，建立一支随时待命和用以自卫的人民军队——哈加纳（Haganah）。其中，被称为基布兹（Kibbutz）的集体农庄是最早的企业之一，它是一种基于社会主义原则的公共生活领域的社会经济创新。1909年，约旦河谷（约旦河注入加利利海的地方）的俄裔犹太移民建立了第一个德加尼亚（Daganya）基布兹。基布兹建在具有战略意义的前哨位置，不仅塑造了未来国家的边界，还提供了一种整合稀缺资源、动员劳动力的方式。基布兹在开垦土地、抵御阿拉伯敌人和吸收移民方面发挥了重要的作用。

严酷的环境，耕地和水源的缺乏催生了基布兹的一系列重要技术创新。基布兹推出以科技为基础的新的农业耕作方法，让贫瘠的土地变成绿色、茂盛、富饶的土地。鉴于没有充足的空间和水源，无法大量种植农作物，在基布兹工作的基布兹成员想方设法用有限的资源创造出更多的东西。他们培育出保质期更长的水果和蔬菜品种，还学会培育产奶量更高的奶牛及产蛋量更高的鸡。

"让沙漠开花"这句时常被引用的套话起源于哈兹瑞姆（Hatzerim）基布兹，它为覆盖多半个国家的、严酷无情的沙漠生态系统创造了新的奇迹。20世纪60年代初，哈兹瑞姆基布兹开发了滴灌系统。这个基布兹位于内盖夫沙漠的贝尔谢巴市附近，这里气候干燥，水资源匮乏，降雨量少，土壤干燥，且含盐量高，这决定了它无法使用传统的灌溉方法。出于需要，基布兹成员搭建了一个改编自管道网络的滴灌系统，仅使用少量的水就可以保证土壤中的含水量。早期的灌溉系统比较简单，它是用打卡钟来定时滴灌。随着时间的推移，基布兹成员开发了一系列基于相同原理的、先进的灌溉产品和系统。滴灌技术成为以色列农业的支柱。为了在国外推广和开发滴灌系统，1965年哈兹瑞姆基布兹成员成立了耐特菲姆（Netafim）公司。截至2001年，耐特菲姆公司已经向100多个国家出售了300亿个滴头，总销售额达到了2.5亿美元。[11]

虽然基布兹只代表以色列社会的一小部分人，且它的参与人数在不断减少，但是它的精神特质成为影响人们将不利条件转化为有利条件的一个基础性要素。事实证明，以色列人才库中的科学家和工程师有着非凡的想象力。他们足智多谋，找到开采、利用死海矿物质的方法。死海位于海平面以下1300英尺处，是地球上的最低点。以色列在太阳能的开发和利用方面处于世界领先位置。1983年，以色列在死海沿岸建造了世界上最大的太阳池之一，这个太阳池为一座5兆瓦的涡轮发电厂提供动力。早在1954年，位于雷霍沃特（Rehovot）的魏茨曼科学研究所（Weizmann Institute of Science）就建造了世界上最早的电子计算机之一——维扎克（WEIZAC）。它被用来开展复杂的数学计算，其中一次计算预测了一个双水点的位置，在这个点上，永远不会发生涨潮和退潮。[12]

假以时日，这个小国将在所有领域——从农业到科学到医学再到技术——取得一系列与其人口和国土面积不符的成就。受以色列的人才数量吸引，许多美国公司在以色列建立了大量的研究中心。摩托罗拉在以色列的研发中心是它在美国以外的地方建立的最大的研发中心之一，英特尔的以色列子公司生产了许多计算机芯片，包括高速迅驰移动技术处理器。埃胡德·埃夫纳（Ehud Avner）曾在以色列军队担任了23年的野外安全军官，后来创办了自己的IT安全咨询公司。他在这个问题上是这样说的：

> 我们拥有关系优势。与其他没有土地、水源或石油的国家相比，我们拥有相对先进的科学技术，受过良好教育的民众。我们的领土不会变大，雨水也不会比现在多。我们之所以培育新品种的西红柿，或者开发海水处理技术，是因为我们喜欢这么做吗？不，是因为我们没有其他选择，我们必须这么做。我们能做的是用我们的大脑去探索新知识、新事物。这就是你在以色列所看到的。以色列能为社会贡献什么呢？知识。我们可以把知识提升到新的高度。除了知识，我们在很多方面一无所有。

追求知识和教育是以色列社会的基础，也是犹太教自古以来重视学识的一种延伸。专注教育使以色列建立并发展了世界一流的高等教育机构和研究中心。以色列劳动力中20%的人拥有大学学位；人均发表的科学论文数量在世界上名列前茅（每万人发表109篇文章），据说以色列人是世界上买书最多、阅读报纸最多、收听广播和电视新闻最多的人。[13]以色列人一向喜欢小玩意和新技术，它是世界上手机和个人电脑普及率最高的国家之一。以色列人均工程师的数量（每万人中有135名工程师）超过世界上任何一个国家（美国是每万人中有85名工程师）。[14]以色列民用研发费用占国内生产总值（GDP）的4.2%，相比之下，经济合作与发展组织（OECD）国家平均民用研发费用占GDP的1.9%（瑞典该方面的支出占到GDP的3.6%，日本占3%）。[15]

在建国后大约50年的时间里，以色列在世界经济论坛经济创造力指数方面一直排名第五，仅次于美国、芬兰、新加坡和瑞典，这个指数是衡量技术创新和创业活动条件的指标。在2000年的新经济体的发展巅峰时期，这个拥有600万人口的国家约有4000家创业公司（仅次于硅谷，位列第二），其在纳斯达克的上市公司数量仅次于美国和加拿大。受因提法达和全球经济衰退影响，这些数据已经有所下降，但新创意的数量并没有减少。以色列人已经证明，在危急时刻，他们有能力用很少的资本来解决问题，迅速作出反应，以适应不断变化的环境，并相应地转移重点。

举一个典型的例子，1990年，根纳迪·芬克尔斯坦（Gennadi Finkelshtain）随着20世纪90年代俄裔犹太人大规模移民潮来到以色列。他在苏联接受过电力工程师的训练，会说俄语和法语，但是在新国家他几乎找不到工作。他说："我有自己的局限性，我来自苏联，说话有口音，我听不懂英语或希伯来语，也不懂怎么做生意。"他在特拉维夫郊外的工业城镇耶胡德（Yehud）的一间没有窗户的地下实验室中解释说："我做过很多体力活，我当过几个月的牧羊人、做过18个月的建筑工人。"但他并没有因此停下脚步。后来，他在哈德拉发电站（Hadera Power Station）找到一份工程师的工作，又在一家基布兹工厂担任生产经理。

芬克尔斯坦有一个梦想，而且梦想远大。他想开发一种不使用石油的清洁高效能源技术。"我决定做燃料电池的生意。没人相信我们会在以色列创建一家燃料电池公司，因为这个国家没有任何相关技术知识或传统。"尽管几十年来大型汽车公司和政府一直在研究这个问题，但芬克尔斯坦没有望而却步。因为缺乏资金，芬克尔斯坦不像其他人那样着眼大的东西，而是决定从小处做起，为手机、笔记本电脑等电子设备开发便携式燃料电池。

来以色列8年后，芬克尔斯坦把其他俄裔工程师移民也带到以色列，在拿到少量投资后，他们共同创建了莫雷能源（More Energy）公司，该公司后来成为梅迪斯科技（Medis Technologies）公司的全资附属公司。与大部分使用氢气作为燃料的电池开发商不同，梅迪斯科技公司推出专利产品——直接甲醇燃料电池，在2001年的东京燃料电池会议上，芬克尔斯坦将这项成果公之于众。如今，以色列航空工业公司拥有梅迪斯科技公司22%的股份。芬克尔斯坦坚信，到2005年，梅迪斯科技公司将生产价格在20~25美元，续航能力达到8~12小时的燃料电池。据芬克尔斯坦所说，梅迪斯科技公司正在与包括美国通用动力（General Dynamics）公司在内的多家公司商谈该电池的军用价值。自学了英语和希伯来语的芬克尔斯坦已不在建筑行业谋生。

接着是 22 岁的同卵双生兄弟迈克尔·布朗斯坦（Michael Bronstein）和亚力克斯·布朗斯坦（Alex Bronstein）的故事。他们来自北部城市海法，2002 年这对兄弟因为在以色列理工学院（Technion-Israel Institute of Technology）电气工程专业攻读硕士学位期间开发了一种备受追捧的面部识别技术而登上新闻头条，该技术有望用于机场和其他高风险设施的安检领域。故事起源于兄弟二人的教授建议他们开发一个可以区分二人面孔的系统。作为交换，教授将给他们计算机科学这门课成绩打满分。教授和另一名学生此前已经找到必要的算法，布朗斯坦兄弟所做的是建造一个三维扫描仪，通过光线模式检查、记录面部特征，并将原始信息存储为三维图像。该系统运用数学算法，测量面部几个点之间的距离。在三维结构中用直线构建新图像是基于一种非常具体的数学计算，它模拟一个人独特的面部特征，显然比当时基于二维图像的系统要更加精确。布朗斯坦兄弟已经就此项技术在美国申报了专利。[16]

要理解以色列人对创新精神和创业精神的热爱，可能最重要的是要认识到以色列人已经发展出一种高度进化的、战胜体制的能力。大卫·鲁宾解释说："这里的文化是试图以智取胜，它不接受任何规章制度，这就是成为一名企业家所需要的。"大卫·鲁宾是以色列著名画家鲁文·鲁宾（Rueven Rubin）的儿子，他曾是一名系统分析师。20 世纪 90 年代末，他还担任过以色列驻北美经济部长（长达三年）。首先，大卫·鲁宾将以色列与日本——一个在文化和心态上与以色列截然不同的国家——相比。"日本人擅长以色列人不擅长的东西——纪律。他们做什么事都是照本宣科，而以色列多年以来没有金科玉律。近年来，人们说我们需要金科玉律。现在我们有了这东西，但我们不照它要求的做。"为了阐明这一点，鲁宾回忆起他的一次南非之行。"我坐车行驶在约翰内斯堡到比勒陀利亚（Pretoria）的高速公路上，司机是南非人。他以每小时 50 英里的速度行驶，而高速公路空无一人。我问他：'你为什么开得这么慢？'他说，'这里限速 50 英里/时'。我对他说：'那又怎样？'这就是以色列人的观点。首先要弄清楚这个法律是好是坏；我们不会规避所有法律，只规避那些不合理的法律，而且想方设法绕过它。"

几个世纪以来，作为散居他乡的少数民族，犹太人在居住国政府的统治下，经历了各种风云变幻和苛责非难。他们想方设法绕过这些限制。委任统治期间，为躲避英国人，抵御阿拉伯人，犹太人想出各种办法。战斗部队没有枪支、食物或制服，指挥官让他们自己想办法获取，类似的故事不胜枚举。当然，几小时后，队员们就会带着部队要求的物品归来。怎么做是没有章程的，他们要么偷，要么借，要么说服人们将物品卖给他们。这将为以色列国防军及其情报机构的各种活动奠定基础。在早期的一次成功行动中，一名奥地利犹太人将 60 支装满子弹的手枪藏在混凝土磨石里，运送到贝鲁特港口，然后用马车运到地处北部的卡法·吉拉迪（Kfar Giladi）基布兹。在到达目的地后，基布兹成员打开磨石，取出武器，把它们交到哈加纳成员手里。[17]

最能体现犹太人聪明才智的莫过于他们在抵制英国《巴勒斯坦白皮书》时所做的大量努力。在委任统治期间，《巴勒斯坦白皮书》严格限制犹太人移民巴勒斯坦。很快，犹太人通过搭建地下网络，组织名为布里察（bricha）的运动，营救非法移民，并把他们带到巴勒斯坦。在巴勒斯坦和满载移民的船只之间，数千名英国海军士兵在海岸巡逻。为了躲避他们，哈加纳成员开展秘密情报行动，以了解英国的拦截计划。他们通过监控警方与英国刑事调查部总部、海岸警卫队与海军巡逻队的无线电通信信息，精心设计了分散英军注意力的计划，从而使一些满载非法移民的船只悄悄穿过英国的警戒线。虽然这样的行动不会总是成功，但在1945～1946年的秋冬季节，有4000名犹太难民通过这种方式来到巴勒斯坦。[18]

虽然以色列羽翼未丰，资金有限，且缺乏战略高度，但它的情报部门却拥有精湛的技术。早些时候，粗糙但高效的窃听器是必不可少的工具。后来，窃听技术成为一种集先进高科技的无形资产。"沙伊"（The Shai）——摩萨德情报部门的前身——进行了全面的窃听行动，他们窃听安曼、大马士革和贝鲁特的英国官员与阿拉伯领导人之间的电话内容，甚至追踪英国政府对阿拉伯重要官员和犹太代办处官员的窃听行动。1948年3月，沙伊截获了一个从贝鲁特驶来的装载武器和弹药的车队的信息。于是，车队遭到伏击，车队领头人、海法阿拉伯民兵指挥官穆罕默德·伊本·哈马德·胡内提（Muhammad ibn Hammad al Huneiti）被杀害。[19]

不同于大部分西方文化（如美国或德国文化）或者日本这样的国家文化，在这些国家的文化中，公民是在成长的同时逐渐了解自己在体制中的位置，以色列人则是学习如何钻体制的空子。布基·卡梅利（Buky Carmeli）在8200部队服役近20年，1998年，他离开部队，成立了自己的先锋科技（Spearhead Technology）公司。在位于特拉维夫北部罗希·哈亚扬（Rosh Ha'ayan）工业区的办公室里，卡梅利在一块白板上粗略地画出从a到b、到c、到z的图线。他指着白板上的字母说："美国人遵循这个体制，他们从a走到b，如果不停下来，他们会一直走到z。在以色列文化中，我们教育孩子的方式是鼓励他们发挥创意，为同一个问题找到不同的解决方案。"然后，卡梅利用不同方向的线条标出从a到z的直线路径。"我们真正鼓励的是具有创造力，从最初的反馈阶段着手。对已取得的进展，我们不会给出反馈意见；我们把它当成一种工具，而不是目标。当一个孩子到达z时，我们会说，'做得好'，当另一个孩子用另一种方式到达z时，我们会说，'哇'。"

* * *

创新不是一门追求纪律的科学，它是对传统智慧的突破。它凌乱不堪，通常在混乱和矛盾的环境中蓬勃发展。它以冒险、大胆、多样性、不稳定、不断的运动和变革为生，并以自己的方式衡量成功。创新不是专攻一项，它更注重广泛性和多样性。它鼓励新想法，即使这些想法都归于失败。事实上，创新需要失败，需要改变现状，接受变化。错误的答案不会令人反感，因为错误的答案可能引出正确的答案，或者有助于找到正确的答案，再或者得到一个完全不同的答案。也许没有自己的伟大规划，但这就是以色列：一个在持续动荡和不利条件下发掘出自身优势的国家。以色列国防军和以色列国防部武器和技术基础设施发展管理局（MAFAT）负责人（已退休）艾萨克·本·以色列（Isaac ben Israel）少将解释说："敢作敢为是我们的传统。创新就是大胆、勇敢、不畏惧改变，然后才能做出改变，这是以色列的立国之本。"

换句话说，以色列是这样的一个地方：它用混乱的当下取代动荡的过去，它不是一个没有缺点的地方，但在以色列，出于生存需要，"不可能的事情"会被视为亟待解决的问题。

第三章
安全是创新的摇篮

2003年2月6日，特拉维夫南部……

一个月前，两起自杀式炸弹袭击打破了持续六周的相对平静局势。袭击发生在特拉维夫破旧的中央汽车站附近，共造成23人死亡，120人受伤。以色列安全部队封锁了57号高速公路从沿海城市内坦亚（Netanya）到西岸城镇纳布卢斯（Nablus）的繁忙路段。在高度戒备下，军方收到了"非常准确"的情报信息，警告该地区可能存在自杀式炸弹袭击者。以色列国防军随即封锁该地区，并在纳布卢斯北部塔卢萨村（Village of Talusa）附近设置路障。周四下午，一辆载着5名巴勒斯坦乘客的出租车从约旦河西岸驶往以色列，因为交通拥挤，他们在路上堵了几个小时。在到达以色列前，哈鲁夫（Haruv）营的士兵将出租车拦下。据以色列人所说，车上有2名男子是遭到通缉的激进组织伊斯兰圣战组织成员，他们要在以色列境内发动袭击。[1]

随后，以色列强大的国内安全机构辛贝特（Shin Bet），也被称为沙巴克（Shabak）开始接手。被抓获的激进分子经确认是沙迪·巴哈路（Shadi Bahalul）和塔里克·巴斯莱特（Tareq Baslat）[2]，他们将被移交审讯。当天晚上，警方在以色列阿拉伯人聚居的台贝（Taibeh）镇的一座清真寺的厕所里找到一条装有炸药的腰带，这个城镇位于以色列和约旦河西岸的边界线绿线（Green Line）以内。一般情况下，自杀式炸弹袭击者会把装有炸药的腰带或背心藏在衣服下面，并与雷管相连，以避免在接近指定目标时被发现。以方认为这条腰带属于几个小时前被抓获的两名激进分子的，他们未能接近预定目标，爆炸装置也被警方的拆弹工兵顺利拆除。这样一来，以色列成功阻止了一场将在一两天内发生的恐怖袭击。[3]

2月的那个周四对那些想要进行自杀式炸弹袭击的人来说不是一个美好的日子。那天早上，以色列安全部队进入伯利恒附近的阿依达（al-Aida）难民营，逮捕伊哈布·伊萨·阿尔赛泽·奥马尔（Ihab Issa al-Saizer Omar），据说，此人正策划针对以色列实施自杀式袭击。在伯利恒，以色列国防军特种部队逮捕了一名男子，据报道，这名男子是坦齐姆（Tanzim）的高级指挥官，是从2002年3月一直藏在圣诞教堂（Church of the Nativity）的逃犯之一。[4]奥马尔因为涉嫌援助坦齐姆自杀式袭击者，包括一年前炸毁耶路撒冷公共汽车的自杀式袭击者，他被以色列当局列在通缉名单上。数月来，以色列当局一直尝试提前消除危险和灾难，那个周四只是这数月中一天。

在2000年9月开始的、持续43个月的巴勒斯坦因提法达中，以色列共遭受了大约111次恐怖袭击，特别是自杀式炸弹袭击。[5]从20世纪90年代中期起，自杀式炸弹袭击成为针对以色列人的常规袭击活动。然而，在因提法达期间，自杀式爆炸已经成为一种普遍的战争形式，共造成942名以色列人死亡，数百人受伤[6]（以色列的军事报复也夺去了2900多名巴勒斯坦人的性命）。[7]以色列没有任何地方是安全的：去当地的咖啡厅或购物商场，或乘坐公共汽车都可能面临生命危险。

2002年是以色列残酷的"死亡之年"。几乎每个星期都能看到响着刺耳汽笛声的救护车驶向一些新的但莫名熟悉的事发地，那里有着残缺的躯体和扭曲的金属。仅3月，以色列就发生了12起袭击事件。在一起袭击事件中，一名激进分子在一群推着婴儿车的犹太妇女身边扣动扳机，这群妇女正在耶路撒冷的一次犹太成人礼庆祝活动后等待丈夫离开会堂。一周后的周六晚上，一名自杀式炸弹袭击者在耶路撒冷人潮涌动的片刻咖啡厅（Moment Cafe）引爆了自己，此次袭击造成11人死亡，54人受伤。11天后，一名自杀式炸弹袭击者引爆了一辆从特拉维夫开往拿撒勒的巴士，造成7人死亡，30人受伤。第二天，在耶路撒冷市中心的乔治国王大街，一名自杀式炸弹袭击者携带装有金属棒和钉子的炸药，在一群购物者中引爆自己，造成3人死亡，86人重伤。

6天后，当250人在内坦亚的公园酒店（Park Hotel）享受逾越节家宴时，一名自杀式炸弹袭击者走进宴会厅并引爆自己，这次袭击造成29人死亡，140人受伤。袭击者是以色列通缉逮捕的恐怖分子之一。[8]这一事件被称为"逾越节大屠杀"（Passover Massacre）。事件发生后不久，以色列国防军发起了"防御之盾行动"（Operation Defensive Shield），在约旦河西岸部署了大量的坦克和部队，用于清除炸弹制造者及其工厂，破坏并拆除激进分子的基础设施。

以色列官员一再请求巴勒斯坦民族权力机构打击激进组织。巴勒斯坦方面坚称，以色列的军事行动使它几乎无法做到这一点，此外，取缔激进组织将引发内战。以色列国防军决定自己动手解决问题。它将战争引入巴勒斯坦领土，封锁边界，逮捕激进分子，拆毁他们的住宅，实施严格的宵禁，并派遣坦克和秘密特种部队进入约旦河西岸和加沙地带。更具争议的是，对于那些要对自杀式爆炸袭击以及针对以色列公民的袭击负责的激进分子，以色列加强了对他们的杀戮政策。多年来，这是他们在极其特殊的情况下作为武器使用的一种战略，但是这个时期，作为一种战略，杀戮政策使用量呈稳步增长趋势。据报道，在长达三年半的巴勒斯坦因提法达期间，以色列人暗杀了100多名激进分子。[9]虽然以色列的行动并没有引起国际社会的同情，也没有改变潜在的激进分子的作战动机，但以色列人声称，这些行动大幅减少了针对以色列的袭击数量。

虽然袭击活动起起伏伏，但袭击事件的数量开始相对下降。2003年1~4月，巴勒斯坦因提法达仍在继续，但只发生了5起成功的自杀式袭击，与去年同期相比减少了3/4。[10]当人们翻开报纸或收听广播或观看电视时，新闻头条上不再是自杀式炸弹袭击所造成的每日伤亡统计，而是以色列武装直升机轰炸遭通缉的激进组织领导人的座驾，抑或摧毁加沙的炸弹工厂，以及秘密特种部队逮捕武装分子的报道。1月下旬某个周六的午夜，吉瓦提（Givati）精英部队乘坐直升机突袭加沙城，以结束此地巴勒斯坦人对内盖夫和加沙地带以色列定居点的火箭和迫击炮袭击行动。这场代号为"热铁"（Hot Iron）的战斗一直持续到黎明时分。战斗造成13名巴勒斯坦人死亡，以色列士兵则没有伤亡。[11]

在以色列的反恐战争中，最引人注目的通常是重型武器出击，坦克、大炮和导弹袭击。然而，精通电子战的以色列士兵在战斗中发挥了重要作用。在国家情报机构的配合下，先进的电子拦截系统、监控系统和秘密线人使以色列人布下一张大网，以粉碎激进分子的暴力活动。截至2003年4月，1100多名激进分子被捕入狱[12]，数十名激进分子头目被抓捕、击毙。这个时期，巴勒斯坦领土也进入死亡季。哈马斯成员易卜拉欣·奥德赫（Ibrahim Odeh）的汽车靠枕被安上炸弹，炸弹引爆后，他被炸身亡；激进组织成员穆罕默德·阿卜杜勒-阿尔（Mohammed Abdel-Al）死于直升机的扫射；哈马斯成员萨拉赫·达尔瓦济（Salah Darwazi）在驾车经过纳布卢斯时，被4枚导弹击中。还有数十名激进分子在以色列残酷、迅速且果敢的行动中丧生。

在这些行动的影响下，激进组织处于失衡状态，它们一直处于以色列的监视之下，实质上有被这些行动震慑到。这正中以色列下怀，它的目的就是严重削弱激进分子施加伤害的能力。它确实减缓了袭击的速度，但它并没有完全终止袭击。没有这些的话，形势可能会更加糟糕——要糟糕得多。很多人认为，以色列人阻止了针对其公民的90%的暴力袭击。2003年2月的某一天，以色列在24小时内发出了47次恐怖警报，而这并没有打破纪录。[13]

据 8200 部队前成员 "莱尼" (Leni) 所说: "成功阻止恐怖袭击并不是因为运气。假设有人被暗杀,而做这件事的士兵知道他长什么样,住在哪里,开什么车,从哪里来,要到哪里去。这些实时信息都来自某个地方,而我们的技术可以为他们提供这些信息。"他接着说: "在行动前,你要确定目标,然后你要搜集信息。如果你铲除它的首脑,一段时间之后它就会推出新的首脑,而很多信息是免费的、不设防的。"他在最后分析中说: "在 90% 的情况下,自杀式炸弹不会被引爆,我认识部队里一些非常引以为豪的人,他们开发了获取这些信息的技术。"

然而,2003 年 1 月底,这项工作受到不必要的社会关注。当时以色列《晚报》首次报道,8200 部队一名被称为 "A 中尉"的军官拒绝服从命令。该月早些时候,特拉维夫发生恐怖袭击,造成 23 人死亡,作为回应,以色列空军奉命开展报复行动,轰炸加沙和约旦河西岸的目标。在 8200 基地执勤的 A 中尉在空袭之前,接到确认打击目标的指示,其中一个打击目标是纳布卢斯的一个法塔赫办事处。根据刊发的报告,当被要求提供工作人员何时会出现在大楼里,而不是提供目标人员活动信息时,A 中尉拒绝执行命令。考虑到这次行动会造成无辜人员丧生,他告诉上级该行动是非法的,并拒绝提供相关信息。[14]由于 A 中尉隐瞒信息,行动被迫推后,最终以失败告终。之后不久,A 中尉接受军事法庭的审判,并被调到行政岗位。[15]

在这场袭击、防范和报复的猫鼠游戏中,以色列人认识到,砍掉九头蛇的一个头,就会有 10 个更强悍、更难被发现的头出现在它原先的位置。这种行动似乎永无止境。以色列人每破坏一项特殊行动计划，激进分子就会继续加大赌注，改变战略和作案方法，通常以男性为主的自杀式炸弹袭击现在有了年轻女性的参与。为了避开以色列的检查站和警察巡逻，激进分子会伪装成以色列士兵，有时甚至伪装成正统派犹太人。有一次，激进分子在一头活驴身上绑满炸药，准备通过远程控制设备引爆。这次事件发生后，美国动物保护团体"善待动物组织"（People for the Ethical Treatment of Animals）谴责这一行为，不要让无辜的动物卷入冲突（但信中没有提到人类受害者）。据悉，激进组织计划将一架满载炸药的无人机送到以色列境内，但无人机提前爆炸，6名操作无人机的人被炸死在位于加沙南部的家中。[16]

自建国以来，以色列一直保持着某种形式的军事警报，以色列人已经形成一种与生俱来的反应机制，要未雨绸缪，要在下一次潜在袭击发生前解除威胁。50多年来，以色列一直处于冲突之中——从游击战到全面的常规战争。每个新局面都带来新的问题，而以色列人必须为每个问题找到解决办法。一位情报机构前高级军官兼坦克排长解释说："过去，我们的安全是建立在解决未知问题的基础上的。"它使人们本能地思考怎么创造性地打击恐怖主义。恐怖主义是一种动态现象，恐怖分子不断调整、发展、改进他们的作案手法。因此，对付恐怖主义的战术必须更加机智有力。正是这种持续不断的威胁使以色列在军事武器和军事技术方面涌现出许多影响深远的创新。

* * *

1982年6月6日，以色列入侵黎巴嫩，以应对多年来巴解组织对其北部边境的攻击。这次行动被冠名为"加利利和平行动"（Operation Peace for Galilee），以色列意图通过这次行动铲除黎巴嫩南部的巴解组织，建立自己的安全区域。20年后，巴解组织从黎巴嫩南部撤出，真主党填补了这一空白，继续向驻扎在安全区内的以色列军队发动袭击。安全区面积为328平方英里，是以色列北部与黎巴嫩之间的缓冲地带。1998年，时任副参谋长的沙乌勒·莫法兹召开会议，组建一个由以色列国防军所有部门的几名将军代表组成的委员会。莫法兹想改变以色列国防军在黎巴嫩南部的作战方式。由于携带沉重的武器装备，且其行动具有常规性，所以，国防军巡逻队容易成为暴露的目标，它的一举一动容易被发现，被敌对势力监控，从而成为攻击目标。叙利亚支持的真主党利用安全区山地崎岖的地形，向以色列士兵发射火箭弹，伏击以色列士兵并在路上埋设炸弹，每年有20~30名士兵因此送命。1995~1999年这四年间，有123名以色列士兵死在安全区。[17]

委员会断定问题大部分出在情报上，具体来说是预判、防范此类袭击的能力上。于是，他们又组建了一个由各个情报组织构成的委员会，以寻找解决问题的途径。"重点应放在利用技术清除恐怖组织，阻止其向安全区渗透上，"退役少将艾萨克·本·以色列在特拉维夫大学的办公室解释说，他的办公室里摆满了各种小型导弹模型和阿尔伯特·爱因斯坦（Albert Einstein）的海报，其中一张上写着"想象力比知识更重要"。退役后不久，本·以色列成为一名大学学者，从事伊曼努尔·康德（Immanuel Kant）哲学和安全研究。在我们会面时，他是以色列国防部武器和技术基础设施发展管理局负责人。他是国防军的一个传奇人物，曾担任众多职务，包括空军情报部门负责人。同时，本·以色列还拿到了物理学、数学和哲学博士学位。1972年，年仅22岁、只有少尉军衔的本·以色列获得总统颁发的以色列最高国防奖章，以表彰他为以色列空军新采购的幻影F-4战机开发了轰炸系统。

以色列国防军委员会成员亲自前往黎巴嫩进行实地考察。关于这个问题，本·以色列在特拉维夫北部的情报机构总部再次召开会议。会议结束后，他穿过走廊，前往停车场取车，他解释说：

> 我被部队的一个年轻上尉拦住。他说："能给我五分钟时间吗？我想给你看些有意思的东西。"我走进房间，他说："我要给你看一样东西，它会改变你在黎巴嫩南部的工作。"黑板上写着他的构想，甚至连雏形都不算，他向我讲述了他认为自己能做到的事情，只要我们给他500万美元来实现他的想法。我听后见了他的长官，问了他的情况。他是一个聪明的家伙，有很多好的想法。他的想法确实不错，但是谁会给他500万美元呢？

以色列军方有一个根深蒂固的观念：尊重思想，不管它们来自何方。这是从以往经验中吸取的教训，本·以色列也有自己的经历。只在空军作战部门工作了两年，本·以色列就敢质疑他的上级军官，告诉他以色列空军摧毁叙利亚防空系统的战略是错误的，它将引发灾难性后果。他通过一些数学计算预测，按照当时的安全理念，苏联布置的萨姆-6防空导弹将摧毁6.5架以色列飞机。本·以色列的上级军官让他把自己的观点写出来，并专门召开一次会议来讨论这个问题。然而，他的提议被驳回。一周后，也就是1973年10月6日，埃及和叙利亚的军队在赎罪日突然发动袭击。事实上，遇袭后以色列人做的第一件事就是尝试摧毁叙利亚的防空系统。本·以色列解释说："我们失败了，我们损失了6架飞机。还有一架飞机被击中，领航员跳伞，飞行员以坚强的意志重新控制了飞机。在空军中，我们说这就是6.5架飞机中的0.5架。我意识到我比所有将军都更了解防空问题。"同时，本·以色列还意识到他不能离开空军："我打算在这里再待两年退役——结果我待了35年。"

本·以色列把年轻上尉的想法反馈给国防部武器和技术基础设施发展管理局的专家们。经过讨论，专家们认为他们可以花200万美元购买成品设备，先在一个测试实验室里验证上尉想法的可行性。"这个想法很有吸引力，如果可行的话，它不仅将提升我们对抗真主党的能力，而且它具有普适性。"本·以色列拒绝讨论这个系统的细节，以免危及以色列的安全（然而，有分析表明这个系统应该是一直在使用的电子监控和信号情报系统）。[18]一年后，以色列总理埃胡德·巴拉克宣布以色列将从黎巴嫩南部撤出。2000年5月，以军撤出黎巴嫩南部。几个月后，第二次因提法达爆发，以色列人开始面对一系列针对其平民的、盲目的恶性自杀式袭击。于是，以色列国防军改变策略，将注意力转向新的战斗：预判并防范来自巴勒斯坦激进分子的袭击，部署新系统来应对这些袭击。到2003年春，以色列安全机构已经阻止了150多名自杀式炸弹袭击者，在他们造成破坏之前抓住他们，把他们监禁起来。[19]

至于提出这一想法的年轻上尉，如今他已荣升中校。

* * *

以色列保障国土安全的关键在于它能够迅速找出诸多非常具体的问题，并制定解决方案。1991年第一次海湾战争期间，39枚伊拉克飞毛腿导弹如雨点般落到特拉维夫，这使以色列面临远程导弹袭击的新威胁。为了应对这一威胁，以色列开发了世界上最先进的反战术弹道导弹系统之一——箭式反导系统。在美国的主要资助下，以色列航空工业公司耗资约20亿美元，研发并部署了箭式导弹。该导弹配备了最先进的弹道和雷达系统，可以探测、跟踪从300英里外飞来的导弹。它可以飞到30英里的高度，以9倍音速飞行，同时拦截多达14枚导弹。[20]这个反导系统的雏形是在一周内研发出来的。[21]箭式导弹在10年的时间里以惊人的速度被生产出来并投入使用。以色列在2003年3月第二次海湾战争前夕部署就绪，但这一次，萨达姆·侯赛因（Saddam Hussein）并未向以色列开火。

同样，世界上第一个可操作的无人机（UAVs）的出现起因于1969年消耗战期间埃及部署苏制萨姆系列防空导弹。两年前的六日战争中，以色列空军一举摧毁了埃及空军，两年后，以色列空军在先进的苏联武器面前变得不堪一击。一名情报官员提出使用配备侦察摄像头的无人机，探查苏制萨姆系列防空导弹方位的想法，这种无人机可以避免飞行员暴露在地面火力之下。无人机的原型是无线电遥控飞机，这名军官曾在一家美国玩具商店见过此种飞机，与航模爱好者周末在公园里遥控操纵的飞机类似。他认为，可以对模型飞机进行改装，使它能够容纳、操纵一个带变焦镜头的35毫米相机。在经历了最初的怀疑之后，军方情报部门派人从美国购买了三架玩具飞机模型，每架售价850美元。在装备摄像机后，他们在战斗状态下对飞机进行测试，结果它们的表现比想象中要好。[22]

如今，无人机被认为是现代战争中最有价值的装备之一，它在以色列的反恐战争中发挥了巨大作用。以色列使用无人机实时追踪可疑的激进分子，然后出动阿帕奇直升机进行精确狙杀，命中汽车、公寓大楼或地面上的目标人物。巴勒斯坦人说，当他们听到高空无人机引擎发出的如割草机般的独特声音时，他们就知道一架阿帕奇直升机已经在赶来的路上。2002年春，在杰宁（Jenin）难民营的战斗中，无人机在侦察以及为军队提供市区近距离目标定位方面发挥了重要作用。

亚伊尔·杜贝斯特（Yair Dubester）说："我们是以色列第一家初创公司。"他现在是以色列航空工业公司负责设计、制造无人机的部门——马拉特（MALAT）的总经理。杜贝斯特是20世纪70年代早期研究无人机项目的首批工程师之一。"我们有才华，但没有经验；我们犯了错误，也承担了风险。我们使用当时最先进的微处理器，在设计这个系统的方式上实现了突破。"这个突破源于客户的具体需求。"我们有个客户提出了现实又明确的需求。一开始，我们研发了一种可以续航200千米并发送实时视频的无人机，然后我们的客户希望它拥有更长续航的能力，既能在白天拍照，又能在晚上拍照。"[23]

最终，第一批初级无人机逐渐从简单的监视功能发展到能够在各种天气条件下不分昼夜提供实时复杂的战场情报。现在的无人机设计复杂，它们的有效载荷配备了复杂的航空电子系统和数据通信系统，能够压缩、解压大量电子信号，并为激光制导武器提供电子信息能力和激光指示符。将来无人机的尺寸会大幅缩小。2004年春，以色列公开宣布已经研发出一种新的微型无人机，其携带的武器的射程达300米，可以为地面部队提供空中掩护。微型无人机重量不到一磅，可以从炮管中发射，无人机上装有一部每秒拍摄25张照片的数码相机，而照片可下载到掌上电脑。[24]同时，以色列宣布正在研制一种更小的无人机，它只有信用卡大小，从地面上看几乎微不可见，雷达也探测不到。这款无人机装备了一个可以将图片传输到笔记本电脑或掌上电脑的微型相机，另外，这款无人机可以手动发射。[25]

美国拥有以色列制造的"猎人"和"先锋"无人机（Hunter and Pioneer UAVs），而且已经部署使用多年。比如，1991年第一次海湾战争期间，美军使用以色列制造的无人机，在沙漠中发现一辆卡车。他们实时追踪卡车的行进线路，发现地上有个洞，且有人正给洞里的人输送物资。据报道，他们就是这样发现位于科威特边境的伊拉克地堡的。[26]后来，在1999年的时候，无人机被用来确认目标、评估轰炸效果以及在科索沃执行侦察任务。

美国人也开发出自己的具有有效载荷的先进无人机，至少在某个已知的事情上，比如说反恐战略，美国人明显模仿了以色列人。2002年11月，一架装备了"地狱火"导弹的美国"捕食者"（Predator）无人机在也门炸毁了一辆汽车，杀死了6名可疑的"基地"组织密探，其中包括中情局认为与两年前美国"科尔"号军舰爆炸案有关的加伊德·塞尼安·哈提（Qaed Senyan al-Harthi）。[27] 杜贝斯特解释说，美国制造的无人机"捕食者"、"影子"战术（Tactical Shadow）和"全球鹰"（Global Hawk）都有以色列无人机的影子。

从创立之初起，以色列拿着小国的预算，面对的却是超级大国才有的国防和军事问题。所以，以色列人选择不断探索、创新、开辟自己实现安全的路径。第二次世界大战期间，犹太特工截获了运往埃及的四挺斯特恩式轻机枪中的一挺。他们研究其部件，画草图，将旧机枪的铁回炉重铸，制造出一挺类似的机枪。犹太工程师用同样的方式研发出一种喷火器，这种喷火器是从一本没有技术图纸、只有照片的英国培训手册上复制的。

* * *

以色列没有别的选择。论面积这个国家没有美国新泽西州大，它最宽的地方（从地中海到约旦河）只有85英里。由于缺乏战略纵深，一架战斗机可以在几分钟内穿越整个国家。即使在世界地图上，拼写I-S-R-A-E-L这六个字母所需的空间也比这个国家本身要大，所以，几乎总是需要把它写到地中海的位置。中东地区22个阿拉伯国家的面积是以色列的640倍，其总人口是以色列的50倍。建国初期，以色列人就意识到，为了生存，他们必须保持对其敌人的质量优势。以色列人从惨痛的教训中认识到，他们必须尽可能独立地发展这种优势。科技是蛮力的替代品。武器禁运和几乎无休止的战争促使以色列追求技术优势，注重自力更生。战场、战斗人员和作战方法的变化促使以色列人不断创造出新的、可替代的作战方法和武器，以抗衡并超越其对手的方法和武器。

不管好坏，以色列人拥有一种矛盾心态。他们时刻保持危机意识，害怕被对手扔进大海，同时他们相信自己能够击败对手。活下去是一个强有力的激励因素。以色列人常说，他们每天都要赢，而他们的对手只需赢一次。大多数国家的军事学说是以防御理念为基础的，与之不同的是，以色列国防军的主要目标是确保这个国家的存在，往往会主动出击。以色列的安全原则是它不能输掉任何一场战争，它的防御政策以迅速、果断地击败敌人，避免敌人进入以色列领土为基础。由于人数较少，以色列无法组建一支数量庞大的常备军，它需要依赖自己的预备役军队。鉴于军队规模较小，以色列国防军必须以强大的机动性和火力来弥补它的这一缺陷，并支持军队发展一流的情报机构。

多年来，以色列——依靠聪明才智、科技创新赢得了许多场战争。在安全问题的驱使下，以色列人建立了一支令人瞩目的军队，它拥有传统军队的所有特性，但与大多数军队不同，以色列军队在本质上属于创业型军队。权宜之计胜过有心设计，这造就了以色列一种最强大的价值观：即兴发挥。以色列国防军对创造力和独立精神的追求，可能在世界上达到了独一无二的程度。以色列人大胆、富有想象力、思维敏捷、善于创新、不依赖别人，这些特点在国防军中得到强化。独特的军事文化成为国民构造的一部分。军队，乃至以色列社会都非常重视这些特殊品质。

"在过去的120年里，我们一直处在战争当中"，摩萨德前副局长、本雅明·内塔尼亚胡（Binyamin Netanyahu）总理的外交政策顾问乌兹·阿拉德（Uzi Arad）解释说。阿拉德现在是赫兹利亚跨学科研究中心（Interdisciplinary Center Herziliya）的政策与安全智库——政策与战略研究所（Institute of Policy and Strategy）的负责人，他认为循环论最能解释这个问题。以色列建立强大的军事力量是因为它有着巨大的安全忧患。阿拉德说："我们的对手（阿拉伯国家）一直拥有更多的人口、土地、石油和金钱，我们必须发展国防工业。我们不能发展规模性经济，在压倒性的不利条件下，我们要应对各种复杂问题。"他补充说："我们运气不好，与周围邻居关系恶劣。我们所处的邻里环境可以说是世界上最糟糕的。这迫使我们将过多的精力和聪明才智放在安全防卫上，其副产品已经形成一个产业。"

在建国之前，自卫就已成为以色列文化的重要组成部分。最早承担起自卫任务的是地下组织哈加纳，哈加纳创建于英国委任统治期间，其宗旨是保卫犹太人定居点免受阿拉伯人的频繁袭击。起初，它只是由保护犹太城镇、村庄和定居点的地方防卫团体组成的松散联盟。1929 年，造成数百人死亡的阿拉伯骚乱发生后，哈加纳开始转变成一支真正的军事力量。它的作战风格是靠动员所有成年男女全部投入战斗，靠对新式武器和技术的无尽需求，靠年轻指挥官发挥领导作用，并承担远超其年龄和经验的责任，这也是现在以色列国防军的主要特征。为了反抗英国人、抵御阿拉伯人，哈加纳采用的手段越来越大胆、越来越有创造性。它在巴勒斯坦内外建立秘密网络，以获取情报、传递信息、走私武器和人口。

哈加纳里面有一支名为帕尔马赫（Palmach）的精锐突击

队。帕尔马赫（希伯来语首字母缩写，意思是"打击力量"）装备不足，人数很少，它通过建立机动敏捷、智取敌人的突击模式来弥补这方面的不足。这当然也成为以色列国防军的一种制度。当哈加纳需要召集成员时，帕尔马赫总是处于随时待命的状态。它由九个突击连队组成，分别分布在加利利北部、南部、中部和耶路撒冷。它经常使用从阿拉伯国家过来的、说流利阿拉伯语的犹太成员来执行任务，让他们伪装成阿拉伯人，到敌后执行破坏和侦察任务。帕尔马赫在这个新兴国家的精神领域留下深深的烙印，它的许多领导人，如未来的总理伊扎克·拉宾和国防军参谋长大卫·埃拉扎尔（David Elazar），最终分别成为以色列政界和军界的名人。

以色列建国初期，大卫·本-古里安做出了一个影响深远的决定，他认为这个国家的安全和经济应建立在科学的基础之上。于是，他创立科学兵团，也就是现在的拉斐尔先进防御系统有限公司①（RAFAEL）。为了满足军队日益增长的需求，科学兵团发明新的武器、炸药和电子设备。对以色列来说，自力更生向来至关重要，因为以色列军队的需求总是超过其从海外获得武器的能力。据非官方渠道估计，在国防军军官当中，30%的军官拥有科学和工程学大学学位。这毫不奇怪，因为历届以色列政府在国防领域的支出占GDP的比重较大，把大量的钱花在技术研发上。据报道，2002年，以色列的军事支出是89.7亿美元，占其GDP的8.75%。[28]相比之下，埃及人口几乎是以色列的10倍，而它的军事支出大约是以色列的一半

---

① 1948年，以色列国防部成立了武器和技术研发实验室，1952年更名研究与设计部，1958年改为武器发展局，1995年重组，2007年改为现名。——译者注

（40.4亿美元，约占其GDP的4.1%）。[29]以色列的安全需求几乎超过其他一切需求。在2003年的选举中，当经济持续低迷，失业率接近10%的时候，安全问题是促使鹰派人士沙龙成为以色列总理的首要因素。

在这些因素的作用下，以色列国防军从一支缺乏装备的业余作战部队转变为一支战斗力强悍的军队，并为自己赢得迅速、严谨、不可预测的声誉。此外，它还发展出某种超越强大军队的东西——它塑造了以色列的民族精神。毫无疑问，以色列国防军被称为"国民的军队"。大多数人（包括女性）都要在18岁时服兵役，女性服役2年，男性服役3年，然后加入预备役，每年服役数周，直到50多岁。在以色列，军队比任何一种力量更能将人凝聚在一起。与宗教或共同的历史相比，是军队将来自世界各地、不同收入群体、不同社会群体的犹太人融合成一个群体。根植于军队的自力更生、团队合作和大胆创新的文化精神影响着整个以色列社会。

在美国，对于大多数到上大学年龄的年轻人来说，参军入伍不在他们的考虑范围内。而在以色列，最优秀、最聪明的人会进入部队，加入难度系数最高的战斗和情报部门，成为军官。在以色列，精英中的精英可能是萨耶雷特·马特卡尔（Sayeret Matkal），以代号"秘密行动组"著称。它是历史上最有影响的特种部队之一，负责世界上一些最令人惊叹的反恐行动。其中，最有名的行动要数营救恩德培人质，及追捕、暗杀巴解组织的一个分裂团体"黑九月"（Black September）成员，后者在1972年的慕尼黑奥运会上杀害了以色列奥运会代表团成员。2002年冬天，在肯尼亚蒙巴萨（Mombassa）的天堂度假村内发生了针对以色列人的恐怖袭击事件，袭击者还试图击落一架以色列包机，对此，时任总理沙龙（他本人也曾在该部队服役）宣布他的政府意图追捕这两起恐怖袭击的幕后黑手，而"秘密行动组"是执行这项任务的不二选择。只有少部分人能够成功加入萨耶雷特·马特卡尔，以色列的一些最有影响力的国家领导人都是出自这个部队。前总理埃胡德·巴拉克是以色列授勋最多的士兵，他和本雅明·内塔尼亚胡一样，都出自萨耶雷特·马特卡尔。

20世纪50年代，以色列第一次遭遇恐怖袭击，当时被称为费达伊（fedyaheen，敢死队）的埃及、约旦和巴勒斯坦游击队频繁地对以色列发动跨境袭击。作为回应，以色列国防军组建了诸如萨耶雷特·马特卡尔这样小巧灵活的突击队进行惩罚性反击。1951年10月，在一次尤其残酷的袭击中，沙龙带领他的突击队进入约旦河西岸城镇基比亚（Qibya），炸毁几十座房屋，杀死69名平民。沙龙说，杀害平民是他的一个过失，这个事件和他职业生涯中的其他几起事件一样，成为让他终身难愈的心病，同时，这在世界舆论领域为他打上了不可磨灭的野蛮鹰派的标志。

20年后，边境渗透被全球范围内更加复杂的恐怖袭击所取代。20世纪70年代，一系列令人注目的劫机行动成为恐怖分子的首选，而以色列的反恐行动直面这一挑战。1972年，解放巴勒斯坦人民阵线（Popular Front for the Liberation of Palestine）组织成员劫持了一架比利时航空公司的飞机，并迫使它在洛德（Lod）机场降落。当载满乘客的飞机停在跑道上时，萨耶雷特·马特卡尔成员伪装成机械师冲进飞机，救出乘客，杀死两名恐怖分子，并逮捕另外两名劫机者。这种行动是第一次，也是最后一次。当时参与营救行动的萨耶雷特·马特卡尔成员丹尼·亚托姆（Danny Yatom）曾经担任摩萨德负责人，他把这类行动的指挥官比作需要为每位顾客量身定做新衣服的裁缝，行动计划是独一无二、不可复制的。[30]

以色列人在攻击和预防劫机方面变得越发娴熟，以至于以色列机场及以色列航空（El Al）采取的安全措施被认为是黄金标准。早在"9·11"事件之前，以色列航空就确保其飞机驾驶舱拥有特殊的安保设备，确保事先对其乘客做过背景调查。据报道，以色列航空的某些飞机还配备了特殊的规避导弹的照明弹。事实上，以色列航空的首次也是最后一次劫机事件发生在1968年，这一年来自解放巴勒斯坦人民阵线的成员劫持了一架飞往罗马的以色列航空航班，迫使其降落在阿尔及尔（Algiers），为了交换巴勒斯坦囚犯，机组人员和乘客被扣作人质长达数周时间。34年后，也就是2002年11月，一名持刀乘客在以色列航空飞往伊斯坦布尔的航班上试图闯入飞机驾驶舱，但未能得逞，两名以色列便衣警察立即制服了这名可能的劫机者，并夺走了他的武器。

虽说以色列航空可能是全球恐怖主义活动的最大目标之一，但多年来它所设立的各种全面且严格的安保程序也使它成为世界上最安全的航空公司之一。除了应对劫机外，公司安保人员时刻警惕所有可能的、潜在的威胁和攻击。1986年4月17日，在伦敦希思罗机场（Heathrow Airport），以色列航空特工在对飞往特拉维夫航班的375名候机乘客进行安检时，发现一位名叫安妮-玛丽·墨菲（Anne-Marie Murphy）的爱尔兰孕妇，她在行李箱的夹层里装了1.5千克塞姆汀塑胶炸药和一个高度计雷管。后来查明，墨菲对此并不知情，是她的未婚夫、在约旦出生的内扎尔·辛达维（Nezar Hindawi）让她带着致命的行李箱登机，并承诺将在以色列与她会合。据报道，辛达维是一名叙利亚谍报人员，他在不久后被捕。因为这个事件，英国一度中断了与叙利亚的外交关系。[31]

* * *

在雅法城的边缘，也就是旧海港与特拉维夫的交界处，有一扇巨大的金属门。门里面到处是窄小的街道，街道两旁是一些面积更小的工业品商店和加油站。这个地方位于埃拉特街（Eilat Street）的拐角处，它曾是奥斯曼帝国的一个火车站，委任统治时期被英国当作军营使用。它现在是以色列国防军博物馆。在几十个金属棚子下面，在棕榈树和鹅卵石铺就的人行道中间，摆放着一排排旧的装甲车和迫击炮。这些展品真实地记录了以色列国防军的诞生及其为以色列生存所做的军事斗争。在这些展品中，有一辆自制的被称为"怪物"（Monster）的装甲车，在1948年爆发的第一次中东战争中它曾被用来突破阿拉伯人用石头布置的路障。其中一个展棚展示以色列在历次战争中缴获的车辆，还有一个展棚展示各种恐怖组织对以色列使用的武器。展品中还有莫塔·古尔（Motta Gur）上校驾驶的半履带车，这辆车曾在六日战争中率先突破耶路撒冷老城的狮门。此外，大卫·本-古里安、梅纳赫姆·贝京（Menachem Begin）和摩西·达扬担任国防部部长时乘坐的公务车也在展品当中。

在标记为16号展馆的展棚中，树脂玻璃展柜里放着菲尔科211（Philco 211）计算机的控制台，它的说明文字是"以色列国防军第一台计算机，1963年"，另外，说明文字中还引用了《圣经·诗篇》第44篇第2节的一句话："我们亲耳听见了，我们的列祖曾为我们述说。"在那个只有少数国家拥有计算机的时代，以色列国防军创建了MMRM（计算机和自动记录中心的希伯来语首字母缩写），它更广为人知的名字是马姆拉姆①（Mamram）。马姆拉姆是围绕国防军的主要计算机设备菲尔科的主机建立的。购买菲尔科主机的费用高达数百万美元，对于一个经济困难、刚刚走过10个春秋，吸收数以千计的新移民，建设全国性基础设施的国家来说，这是一次昂贵的采购。但在1959年，也就是国防军收到这个庞大的计算机设备前4年，时任以色列国防军副总参谋长的伊扎克·拉宾等少数人认识到，计算机是一个武器系统，如果以色列要实现建立现代化军队的目标，它就必须实现计算机化，以保持对阿拉伯邻国的优势。

马姆拉姆远离喧嚣的街道，坐落在特拉维夫郊区拉马特甘（Ramat Gan）的一个军事基地中，其外围是英国委任统治时期遗留下来的巨石墙壁。在通往马姆拉姆神经中枢地下室的楼梯墙壁上，挂着一篇20世纪60年代初发表的以色列报刊文章。文章批评国防部门为了一台被认为大的足以驱动整个中东的电脑花了太多的钱。马姆拉姆的指挥官艾维·科赫巴（Avi Kochba）上校指着文章的标题："军队是有头无脑。"科赫巴上校出生在阿肯色州（Arkansas）的小石城（Little Rock），他在纽约布鲁克林（Brooklyn）长大，10岁时移民以色列。18岁时，他加入纳哈尔步兵团（Nahal Infantry），但是一年半后，转到马

---

① 马姆拉姆是以色列国防军的计算和信息系统中心，负责为所有军事部门提供数据处理服务和IT基础设施，确保网络始终正常运行。——译者注

姆拉姆，开始在那里做电脑操作员，因为他的父母是大屠杀幸存者，他们不让其唯一的儿子做需要参加战斗的士兵。20多年来他一路晋升，最终在2002年被任命为马姆拉姆负责人。他重读这个标题时说："如果你今天还这样想，那就太荒谬可笑了。"

事实上，马姆拉姆在促进以色列国防军技术进步的过程中发挥了重要作用，它还协助将这个由集体农场和钻石抛光商组成的国家转变为世界上最具活力的高科技经济体之一。可以说，以色列国防军是世界上信息化程度最高的军队之一。军队的所有分支机构都有计算机中心和研发中心，这些中心的工作人员都是在马姆拉姆接受过计算机培训的士兵。除了军事情报外，马姆拉姆还负责国防军的软件、硬件、数据通信基础设施及新技术的引进工作。

起初，马姆拉姆主要使用菲尔科进行数据处理和数理逻辑工作。但是，它需要专家来维持机器运行，还要在特拉维夫炎热潮湿的夏季避免昆虫钻入主机（顺便说一下，这里用的是"Computer bugs"这个词组的字面意思）。由于马姆拉姆的成立是在计算机科学成为一门成熟的学术型学科之前，且国防军对计算机有着非常明确的需求（如大规模数据处理和计算机模拟），马姆拉姆只能创建自己的计算机培训学校。这反过来催生了以色列令人印象深刻的软件工程师IT社群，这些人接受的培训是发现具体问题，并快速创新地给出解决方案。[32]科赫巴上校说："放眼整个以色列，你会发现信息技术行业的大部分领导者都出自这个部门。"马姆拉姆是军队中最令人向往的部门之一，其士兵在服役结束后都成为各方争抢的对象。突击队解决问题的方式——即士兵应对复杂问题，通过独创的捷径找到创造性解决方案的方式——已经深深扎根于以色列社会和工业当中。1998年,马姆拉姆的两名退伍士兵以色列·马津(Israel Mazin)和伊莱·马希亚(Eli Mashiah)以5.5亿美元的价格将他们创办的信息安全公司——门科(Memco)卖给了白金技术(Platinum Technologies)公司,这大大提升了马姆拉姆在社会中的声誉。

在对顶尖的应征士兵进行分析后,马姆拉姆对他们进行一系列繁重并让人感到疲劳的测试。马姆拉姆候选人要接受为期7个月的密集基础课程培训,课程培训从每天早上7时30分开始,晚上10时结束。通过培训留下来的人必须再服三年兵役。科赫巴上校解释说,士兵大部分学习内容是关于岗位的培训。

> 我们把问题交给我们的士兵。情况是这样的:用电脑记录下问题,我们30分钟后要答案。士兵们在尚且稚嫩的年纪就要弄清楚自己该做什么,因为他们是决策者。一名21岁的军官可以带领一组士兵做项目。他可能在晚上或周末负责看管基础设施。有时候没有其他军官,所有设备都由他负责。如果什么事情出了差错,他必须亲自处理。随着时间的流逝以及年龄的增长,他们承担的责任也越来越多。这是一支年轻的军队,它培养、教导士兵在年轻时就要学会承担责任。

在马姆拉姆成立的同时,8200部队的前身也初见端倪。巴勒斯坦犹太人认识到窃听和破译密码的重要性,他们早些时候成立了一个名为"2号情报机构"的部门,负责监控敌方活动。在"2号情报机构"内部,有一个代号为"兔子"的部门负责破译密码。20世纪40年代,只有美国、英国、德国和苏联等少数国家拥有先进的密码破译能力和监控能力。但是二战期间有很多巴勒斯坦犹太人与英国人密切合作,他们知道监听敌方活动的好处,且掌握了监听技能。他们不会放过任何机会。委任统治期间,位于耶路撒冷皇宫酒店(Palace Hotel)的英国军事司令部被窃听了。[33] 几十年后,以色列人更加意识到电子监控的重要性。前情报官员埃班(Eban)说:"当你看到敌人过来时,可能为时已晚,最好提前知道他们在想什么,他们的目的是什么。"

建国之前,以色列人从一位名叫纳库姆·伯恩斯坦(Nachum Bernstein)的美国律师那里掌握了密码学技术。1947年,伯恩斯坦被请来教授哈加纳成员如何进行情报搜集工作。在为保险欺诈索赔案件搜集证据的时候,伯恩斯坦学会了监听、窃听和监控技能。二战期间,他把这些技能应用到特殊服务办公室(Office of Special Services)。到战争结束的时候,他学会了如何使用一次性便签密钥,后来他和一名同事将这种密钥翻译成希伯来语,并利用它在曼哈顿下城(Lower Manhattan)的一个犹太会堂里秘密教授犹太新兵密码学。[34]

8200部队从一开始就参与开发获取情报所需要的技术,部队中的很多士兵会说阿拉伯语。事实上,在部队刚成立的时候,或者更确切地说,在8200部队的前身成立的时候,为完成工作,它经常使用一些临时做的非专业工具。随着时间的推移,8200部队的技术变得越来越先进,但完成工作的方法是一样的,都是以动态的创造力为根基。8200部队的工程师和分析师逐渐研发出复杂的通信系统，以拦截、破译、加密并突破敌人的防线。

* * *

四面楚歌和多年的孤立迫使以色列人成为开发武器的能手。1967年六日战争结束后，以色列的主要武器供应国法国对以色列实施武器禁运，这刺激了以色列建立自己的军事工业。作为对武器禁运的回应，以色列制造了自己的战斗机，其中第一架战斗机——内舍（Nesher）——是被禁运的法国幻影-5战斗机的改进版本。这个转变极大地影响了以色列高科技产业的发展。正是在这一时期，以色列建立了第一代高科技公司，如ECI电信公司、埃尔比特（Elbit）公司和塔迪兰（Tadiran）公司。

为了制衡苏联对阿拉伯国家的武器供应，美国开始向以色列提供武器，以填补法国留下的空白，但是为了弱化以色列对邻国的优势，美国限制其武器平台和技术转让。作为回应，以色列开发出许多类似于美国系统或者超越美国系统的技术。认识到生产大型系统可能带来经济灾难，以色列开始熟练地对它从美国获得的各种武装平台进行改装（比如战斗机），并为它们配备自己的软件系统。1967年六日战争和1973年赎罪日战争期间，大量的坦克被毁坏刺激了以色列研发梅卡瓦（Merkava）坦克。现在，梅卡瓦坦克已经开发到了第四代，被认为是世界上最坚不可摧的坦克之一。此外，以色列还非常擅长升级、利用旧的军事装备，尤其是它在历次战争中从阿拉伯国家缴获的大量苏制武器，以至于在一段时间里，以色列是仅次于苏联的世界第二大苏制武器出口国。[35]

＊　＊　＊

　　希伯来语中有个词语：rosh gadol。它的字面意思是"大脑袋"。然而，对以色列人来说，它拥有更深的含义，即呼吁人们从更宽泛的角度思考问题。对外人来说，这个词语有时会被解读为自负、傲慢，但对以色列人来说却并非如此。他们从很小的时候就被要求要具有创造性，要正视新想法，并提出新想法。相比之下，称某人为 rosh katan，或字面意义上的"小脑袋"，相当于说某人心胸狭窄——在以色列，这非常具有侮辱性。在军队中，任何级别、任何年龄的士兵都必须遵守"rosh gadol"的规定——所有士兵都要从大处着眼，要得出自己的结论，要能够承担任务。

　　赫兹利亚跨学科研究中心计算机科学学院院长西蒙·舍肯（Shimon Schocken）说："军队是一种独特的教育。它教导你要从不同的角度思考问题，要提出新的建议，要找到做事的新途径，这可能是以色列军事系统所独有的。"接着，舍肯讲述了他 19 岁的儿子学习军官课程的经历：

　　　　他们对重大战役进行案例研究。1973 年发生了一场著名的战役，在这场战役中，叙利亚人成功占领黑门山（Mount Hermon）山顶，之后以色列又把它夺了回来。一次失败，一次成功。我儿子只在部队待了 8 个月，在基础训练课程结束时，他必须像排级指挥官那样策划如何夺回黑门山。他必须制订一个行动计划，并解释如何实施这个计划。然后他被要求扮演叙利亚人的角色防守黑门山，并解释如何做到这一点。军队让这些年轻的孩子制定策略,即使他们的策略毫无用处,这都没关系,重要的是让他习惯用这种方式思考问题。

表面上看,以色列国防军和其他军事力量没什么两样,但实际上,它已经成为以色列最重要的创新孵化器之一。它通过各种方式吸纳这个国家最聪明、最大胆、最具创造力的18岁左右的年轻人,让他们面对巨大的挑战和责任,学习最先进的技术。军队本身就具有创业性质,它需要不断创新。这个国家时刻处在生死存亡的边缘。舍肯教授解释说:"在我们这儿,20岁的年轻人就要负责构建庞大的系统。"他还说:"如果你把他们和微软(员工)相比,你会发现我们这里20岁的年轻人承担的任务和微软30岁的员工承担的任务是一样的。在这里,他们获得了跳跃式发展的机会。就好像微软公司突然来到大学里面,把最优秀、最聪明的学生挑走,然后给他们提供巨额的预算——当然,这是不可能发生的。"

一系列令人瞩目的胜利证明以色列国防军可以既强大又灵活。在以色列生活的大部分领域,士兵们知道规则是用来打破的。士兵很少向军官敬礼,士兵还有权质疑上级军官的命令。等级只是一种形式。在团队工作的大框架下,士兵可以进行独立的思考和行动。以色列的生存能力是以其快速应对变化的能力为基础的,威胁迫在眉睫——有时候,敌人就近在咫尺。对国防军来说,理论研究是一项奢侈品,由于经常缺乏时间和资源,他们的日常工作不是争取若干年后才见成效的大型项目,而是解决眼前的问题。在以色列,寻找解决方案的人和终端用户紧密合作。以色列国防军技术部光电系统负责人波耶兹·哈耶克（Boaz Hayek）上校说，在一年的时间里，他的工兵们4000次走访约旦河西岸和加沙地带，亲自查看他们的设备在战场上的表现。

2000年，巴勒斯坦因提法达的爆发给以色列国防军带来一系列新问题。现在以色列人陷入城市战争，一些武装分子和自杀式炸弹袭击者经常潜入以色列与巴勒斯坦交界地区，袭击以色列平民，然后迅速撤回巴勒斯坦领土，在人口密集的巴勒斯坦城镇和难民营的掩护下逃散开来。作为回应，以色列人深入约旦河西岸和加沙地带，发起反攻，但他们正在追捕的人藏匿于房屋、城镇和民众之中，在该地区巡逻的吉普车遇到有障碍物的地方有可能就是潜在的恐怖分子的藏身之处。

哈耶克上校在特拉维夫附近的特哈休莫（Tel Hashomer）基地解释说："我们需要能够穿透房屋和障碍物的观察能力。我们需要思考。和我一起共事的有一些上校和军士长，我们开始思考约旦河西岸和加沙的部队需要什么。最大的问题在于他们看不见危险。如果他们来到边境附近的某个城市，他们不清楚人们是要到边境还是要躲在溪谷里。"哈耶克的部门用了3个月的时间与以色列航空工业公司一起开发出一种可以装在伸缩杆上的可操作光学有效载荷。他们将系统设备安装在国防军巡逻的吉普车上，车内的士兵可以通过监视器看到系统传输的图像。该系统设备白天晚上都能工作，它可以提供数英里范围内的360度全景图像。此外，该设备可以在五分钟内自动抬升，无须士兵下车去操控或修理，因而不会将士兵置于危险之中。很多时候，简单的方式也能有效地解决问题。哈耶克说，这种有效载荷的灵感来源于用来修理交通信号灯的自动可折叠杆。

与传统的军事文化不同，以色列国防军拒绝教条主义。当环境发生变化时，军队也会发生变化，而且迅速做出反应。国防部研发机构代理负责人、陆军准将什穆埃尔·亚钦（Shmuel Yachin）解释说："以色列国防军是一个非常灵活的组织。我们学会快速更换优先事项。以色列面临的威胁是不断发生变化的。我们创建了一个特殊的指挥系统来处理这些事情。组织规模越大，行动就越迟缓。"事实上，当巴勒斯坦因提法达爆发时，以色列国防军和安全机构不得不迅速地将重点从长期威胁与和平承诺转移到应对迫在眉睫的游击战问题上。就绝对数量而言，以色列国防军的基本构架比美国武装部队要简单。最高级别的三星将军只有一人，就是国防军参谋长，紧随其后的是20名二星将军和100名一星将军。在面对新的现存威胁时，一个由陆军准将（参会者多不属于决策层）组成的特殊论坛会定期召开会议，梳理军中各级军官提出的倡议。敢想敢干、灵活、不拘小节的军事文化催生出一些最具创新性的军事行动，其中一些行动可以用迅猛一词来形容。

20世纪50年代早期，以色列国防军在机动巡逻时要用一种轻机枪。他们常用的斯特恩式轻机枪经常卡壳，不仅射程短，准度差，而且很难在黑暗的环境中装填弹药。为此，国防军委托其科学团队设计一种新式武器。与此同时，一个名为乌兹·盖尔（Uziel Gal）的年轻基布兹成员兼士兵在参加军官培训课程时，提交了自己对新型冲锋枪的设计理念，他在武器设计方面颇有天赋。乌兹·盖尔设计的新型冲锋枪零件数量少，能在多尘多沙的环境下完成射击，拆装方便，而且准度高、不卡壳。后来，他的设计方案获得通过，军方还以他的名字命名这种新型冲锋枪，他们称之为乌兹冲锋枪。

或者，以"雄鸡行动"为例。1969年，苏联帮助埃及人建立以防空导弹和预警雷达为基础的大规模防空系统。对以色列来说，这比较棘手，因为以色列空军既是进攻力量，又是防御力量，而苏联制造的P-12预警雷达可以定位并引导导弹击落以色列飞机。尽管以色列国防军了解埃及防空系统的弱点，但在新的先进雷达系统监视下，它欺骗敌人的把戏和行动能力很快趋于无用。武器发展局判定以色列人或许可以炸毁1个甚至10个预警雷达，但埃及人在苏伊士运河安装了300~400个预警雷达。就在高级情报官员密谋摧毁预警雷达时，一位情报分析员、年轻的中士提出了自己的方案。以色列要偷走埃及的预警雷达。

1969年12月的最后一周，拉米·沙列夫（Rami Shalev）中士在查看空袭后的航拍照片时注意到以色列击中的一个目标实际上是一个假雷达站。可能更重要的是，侦察胶片显示几英里外有一个真雷达站。沙列夫还注意到，这个位于拉斯-阿拉伯（Ras-Arab）海滩的雷达站防卫十分薄弱，它缺少高射炮保护。于是，他向指挥官提议偷走这个雷达。这个计划很快上达至整个指挥系统，于是，他们立即开始用六日战争中捕获的雷达进行训练。两天后，行动开始。

当A-4"天鹰"战机和F-4"鬼怪"战机袭击苏伊士运河西岸的埃及军队时，三架"超黄蜂"直升机在一个小山峰上投放下以色列伞兵，以获取目标雷达。这些伞兵拆掉装置，偷走雷达系统，并将拆卸的装置系在两架CH-53西科斯基

(Sikorsky)重型直升机上返回以色列。

不出所料,雷达本身价值不菲。以色列军方对该雷达系统进行彻底的研究,从而使以色列人的电子战武器库中又增加了一把新利剑,他们能够干扰安装在阿拉伯世界大部分地区的、每一个苏联制造的雷达系统长达30年。[36]

*　*　*

建国以来,以色列从未享受过和平,它从诞生之日起的每一场战争都被认为是关乎生存的战争。像美国人细数令人难忘的世界棒球大赛冠军那样,以色列人列举了他们经历的一连串地区冲突:第一次中东战争(1948年)、第二次中东战争(1956年)、六日战争(1967年)、消耗战(1969~1971年)、赎罪日战争(1973年)、黎巴嫩战争(1982年)、第一次因提法达(1987年)、海湾战争(1991年)和第二次因提法达(2000年)。从建国之日起,以色列领导人就做出一个清醒的决定:以色列需要建立世界上最好的特工机构。强敌环伺的现实使得以色列不得不充分利用民众这唯一的资源,集结一支快速高效的军队。而军队要想成功,就必须建立最好的情报机构。所以,以色列的安全防卫是建立在其民众的聪明才智之上的。

为了打一场似乎没有尽头的战斗,什穆埃尔·亚钦准将的大部分时间都花在了永不停歇地寻找新式武器和新方法上,他在军旅生涯即将结束时用简单的话语解释这个问题:"创新是出于需要,它与安全紧密相连。明确而现实的危险是一切需要的源泉。"

第四章
头　脑

（格里罗特），特拉维夫北部，2003年2月……

在特拉维夫北部距离沿海高速公路不远的地方，有一个规模不大但十分重要的物品展。展览会非常低调，展品就摆在一个很小的、不起眼的博物馆（情报遗产中心，Intelligence Inheritance Center）里面，而博物馆紧邻格里罗特交叉路口，对面是一个购物中心。博物馆在格里罗特特别研究中心里面，而该中心坐落在一个杂乱无章的军事大院中，有时平民世界和军人世界会在这里产生交集。这个建筑群是以色列情报机构的一部分，这里有一个新兵训练营，一所培训学校，在肉眼可见的地方，还有一些卫星天线和通信天线罩，它们像巨大的高尔夫球一样点缀着天空。博物馆不对外开放，只有事先获得馆长同意才能进去参观。馆长身材矮小、精瘦结实，嘴里几乎一刻不停地叼着香烟。值得注意的是，他曾经是一名情报人员。博物馆真的只有一个房间，它被一个大约30英尺长20英尺宽的小隔板分割成两部分。

里面的东西十分古怪，乍一看有点像B级间谍片里布满灰尘的旧道具。入口附近的天花板上挂着一架看似遥控玩具飞机的东西，白色的外壳上面涂着红色粗条纹，下面还装着一个摄像头。实际上，这是以色列制造的第一架无人机。

剩下的物品没有按照特定顺序排列，包括一个粗糙的木制模型（是乌干达恩德培机场的模型）和一个可以拿在手里的微型相机（相机零件可以快速拆卸，拆卸后的零件很容易藏匿起来不被发现）。树脂玻璃下面是一个临时做的、坚硬的黑色面具——这是将阿道夫·艾希曼从阿根廷绑架到特拉维夫时戴在他脸上的面具。展览物中还有藏在熨斗底部的、简单的信号发射器，藏在 Old Spice 和 Aqua Velva 古龙香水瓶中的隐形墨水，以及藏在贝都因黄铜咖啡壶里的录音机。房间后面放着一个阿凯 51S 接收器，它有小型冰箱那么大，还配备着很大的卷盘磁带，磁带里收藏着以色列情报部门在 1967 年 6 月 6 日早晨（六日战争期间）截获的约旦国王侯赛因与埃及总统贾迈勒·阿卜杜勒·纳赛尔的那段著名谈话的真实录音。

这些藏品代表着以色列情报机构 50 多年来用过的最原始的间谍工具，就像发掘人类使用的工具有助于了解当时的情况，在这些物品中，即使最简陋的物件也有其独具匠心之处。虽然有些物品看起来是临时做的，甚至非常业余，但它们展示了长期以来以色列情报系统的几个主要特征：创造力、创新、积极进取的情报工作和出其不意。

说以色列自建国以来一直处在战火纷飞的状态，这可谓老生常谈。情报的作用确实非常重要，因为它一直处在利害攸关的位置。虽然有时容易引起恐慌，但对以色列人来说，这不只是一句偏执的谚语，以色列人相信，他们输掉的第一场战争也将是他们进行的最后一场战争,所以以色列人有着非常严重的围城心态。建国55年,以色列打了七次大规模的地区战争,经历了两次因提法达运动,几十次恐怖袭击和无数次大小战斗。情报在以色列生活中,乃至在整个中东的位置都不容小觑。冷战期间,东西方情报界互相博弈,这是一场高度政治化的、看谁能更胜一筹的战争边缘政策的博弈,旨在捍卫各自的霸权和优势地位。在中东这个冲突不断的地区,情报的重要性被放大了。很多人认为,它是决定生死的系绳。

以色列情报机构建立时间不长,所以它无法享受悠久传统所带来的好处。它的发展部分依靠吸收长久以来形成的服务惯例,同时它在很大程度上建立了属于自己的独立的方法论和哲学。它吸收社会上所有起作用的动态力量,汇聚以色列的每一个极端脉冲:企业家精神、胆大心雄、创造力、冒险精神以及与生俱来对变化的渴望。另外,情报机构负责国家安全,它在塑造以色列国家特质方面也发挥了重要的作用。

虽然以色列国土面积狭小,但它的三大情报机构被公认为是世界上顶尖的情报机构。摩萨德可能是以色列最知名的情报机构,它负责外国间谍活动,可与美国中央情报局相提并论。国家安全总局,通常被称为辛贝特或沙巴克(sherut hatiachon haklali),是以色列国内的反间谍机构,相当于美国的联邦调查局。自1967年以色列占领约旦河西岸和加沙地带以来,辛贝特在这些地区开展了细致的情报搜集活动,据说它通过线人和特殊卧底部队几乎渗透到巴勒斯坦社会的每个阶层。第三个情报机构叫军事情报局,它是以色列的军事情报部门。军事情报局与以色列国防军有直接关系,它的活动涉及许多领域,包括为总理准备国家年度情报评估,负责升级信号情报、通信情报、电子情报和视觉情报的搜集方式。

从各方面讲,情报都是战争与和平的晴雨表,而它在以色列的作用可能是独一无二的。有时,它会与整个阿拉伯世界的情报力量相抗衡(在冷战全盛时期,苏联的情报机构也是如此)。同时,作为一种补偿机制,它也弥补了以色列在地缘政治现实方面的诸多劣势。以色列这个国家就像一个紧紧缠绕的线圈,它必须随时准备好在一瞬间为自己而战。同时,对一个长期处于战争状态的国家来说,其民众日常生活有着显著的规律。也许正是这个原因,以色列人把目光转向非传统的、不寻常的解决方法上,这种方法由聪明才智来定义。在这方面,以色列人不仅仅依赖伏案工作的分析师或轨道卫星,还在不断寻找新的机遇、新的突破口和新的做事方式。

* * *

在格里罗特特别研究中心的办公室里,梅尔·阿米特(Meir Amit)少将坐在一张放大的黑白照片下面,这是1967年六日战争期间以色列军队占领耶路撒冷老城后不久,他与摩西·达扬将军(已故)在哭墙边的合影。对阿米特这个唯一一个同时担任过军事情报局和摩萨德领导的人来说,事情可以归结为一点:"以色列是一个没有战略纵深的小国。第二次世界大战期间,德国军队虽然深入苏联腹地,但他们仍然被打败了。比较而言,在这种情况下,我们无处可去。所以,情报的价值显得更加重要。"他还强调说:"情报就是这个国家的眼睛和耳朵,这不只是一种表达方式。就我们的情况而言,情报是战略纵深的替代品，它可以替代我们欠缺的许多东西。这对我们来说是关乎生死的事情。"用商业术语表达，情报就是以色列的核心竞争力。

这位将军个子虽小但体格壮实，岁月在他的脸上留下清晰的痕迹。虽然退役许久，但他仍然是以色列情报史上的一个重要人物。对阿米特来说，间谍组织最有用的工具就是想象力和创造力，这两个特征在他的任期内表现得尤为明显。据说，阿米特在埃及和叙利亚管理着一个敌后间谍集团。在这个大部分细节都不公开的领域里，阿米特有一个最引人注目同时也最受公众称赞的间谍壮举。1966年，阿米特策划从伊拉克盗走一架苏制米格-21战斗机，并安排战斗机飞行员及其家属叛逃以色列。米格战斗机是当时世界上最先进的战斗机之一，盗取飞机后，在不到一年的时间里，以色列摸清了这架飞机的内部结构，这使它在六日战争中针对使用苏制飞机的埃及空军和叙利亚空军取得了惊人的胜利。所以，阿米特的情报观影响深远。

他曾担任过战地指挥官和摩西·达扬的副手。1963年，阿米特在纽约哥伦比亚大学学习工商管理时，被任命为摩萨德负责人。一次跳伞事故使他挂上拐杖，于是，以色列国防军送他到纽约学习，他在那里接触到一台菲尔科计算机。他回忆道，"这台计算机有一个房间那么大"。很快，他就意识到现代科技可以在情报搜集工作中发挥重要作用。回到以色列后，他开始大力提倡在情报工作中使用现代技术。此外，他认为技术能力和人类的努力不是相互竞争的关系，而是互补的存在。他感叹说："一切不外乎人和机器。"他开创了军方客户和供应方的合作关系。他说："现场操作人员必须懂技术，技术人员必须知道如何操作。"在他的诸多成就中，最重要的是他搜集了大量关于埃及空军的、精确到细节的情报，这些情报在1967年6月的战争中为以色列摧毁埃及空军提供了很大的帮助。阿米特说："将技术和操作整合在一起是我做过的最明智的事情之一。"

阿米特经验的重要性（他接着协助启动了以色列的卫星项目）仍然值得关注。虽然从现役部队退役许久，但82岁的阿米特依然每周去一次他在格里罗特特别研究中心的办公室，他保持着与这个群体错综复杂的关系，只是方式有所不同。2000年春，他与别人合伙创办火星企业（Spark Enterprises），这是一家小型风险投资公司，主要投资以色列在软件应用、光学、信息技术和生物技术领域的创新成果。他说："这些成果都是平民创造的，他们中许多人在情报部门工作过。"阿米特依靠他所说的"前情报军官智囊团"给他出谋划策。"我说，听着，我这个项目需要一个人，需要这个领域最优秀的人。然后，我收到他们的反馈意见。"毕竟，他反复强调："情报机构人员拥有最具创造力的头脑。"

* * *

以色列从一开始就非常擅长将它的人力资源和技术资源整合到一个高效的防卫机制当中。这是一个一周7天、一天24小时时刻保持高度戒备的国家，它无法像其对手那样维持庞大的常备军，只能依赖能够迅速动员的预备役部队，这个部队需要在收到通知后24~70个小时内接受征召。还有来自邻国的潜在威胁：叙利亚可以在几分钟内对以色列发动空袭，在几个小时内对其发动陆上袭击。此外，由敌视以色列的周边阿拉伯国家和伊斯兰国家组成的潜在危险阵容还在不断发生变化。1991年第一次海湾战争期间，来自伊拉克的飞毛腿导弹在7分钟内降落到以色列人口中心，这导致以色列全国陷入战火之中。近年来，一些敌对的激进组织成员突袭以色列的速度比伊拉克的飞毛腿导弹要更快，其造成的破坏力也更大。多年来，他们生活在以色列占领的约旦河西岸和加沙地带，他们心怀怨恨，无所畏惧，一次又一次地潜入以色列本土展示其发动袭击的能力。

硬件设备和现代武器可以让一个人在最初的时候占据上风，但这些东西无法让他窥视敌人的动机、思想或行动。所以，人们需要情报。另外，敌人最终会摸清这些基础设备并找到应对方案。

如果以色列国防军在确保国家安全方面发挥着异常强大的作用，那么以色列情报机构就是其诸多成功（有时也会出现失败）背后至关重要的一环。和其他国家的情报机构一样，它的基本任务是了解敌人的动向、力量、弱点和意图，并为抵御攻击提供早期预警保障。从建国之初起，以色列人采取的路径就有别于传统间谍术。在以色列，情报是政策、战术的重要评估依据，这个国家的独特处境一再要求它采取非同寻常的措施。

好的情报工作需要搜集，也需要行动，这种努力既困难又不科学。情报领域的斗争在很大程度上是不为人知的，它存在于一个灰暗的世界，用自己的语言沟通交流。搜集情报犹如大海捞针，对情报的成功分析和解读好比拼凑一个碎片不全的拼图。它要求去大部分人不愿意去的地方，为尚未出现的问题寻找解决途径。确切地说，如何获取和利用情报已经成为一系列戏剧性行动的基础，而这些行动也成为以色列情报机构的标志性名片。

在这些行动中，有些动用了惊人的技术力量，有些需要秘密突击队员参与，还有一些只是简单地实施某个奇思妙想。1981年，以色列空军摧毁了伊拉克奥西拉克核反应堆。13年前，以色列士兵抢占一艘德国货船后，带着船上的货物逃之夭夭。事实证明，这艘货船装载了200吨二氧化铀，分别装在560个密封油桶里面，所以，这不是随机的武装演习，而是蓄意为之的事件。[1]以色列之所以能够长臂出击，与它国内的一些足智多谋的能人是分不开的。

以色列情报机构虽然能力很强，但不是不可战胜的。以色列议会的一个小组委员会部分公开了它在2004年春汇编的一份长达81页的重要文件，这份文件暗示了开展情报工作的困难和局限性，它还批评军事情报部门在2003年美国入侵伊拉克的准备阶段未能正确评估伊拉克的真正实力。另外，文件指出，以色列极度缺乏关于利比亚企图获得核武器的情报。此外，委员会建议让军事情报局的8200部队作为民间组织，而非军事组织发挥作用。[2]

这份议会报告可以为多年来曝光的一些令人痛苦、难堪的失误事件添上一笔，这些失误让人们对以色列情报机构的一些标志性成功有了新的认识。其中包括在赎罪日战争前未能正确评估埃及和叙利亚的战争意图，导致以色列在赎罪日战争中打得异常艰难，而这场战争差点以以色列人的失败而告终。时至今日，赎罪日战争依然是以色列国民的一个创伤。此外，还有波拉德事件。1985年，一名为以色列工作的犹太裔美国海军情报分析员乔纳森·波拉德（Jonathan Pollard）被发现为以色列传递机密文件。这次事件不仅严重损害了以色列情报机构的声誉，还一度损害了以色列与它的最大盟友——美国的关系。

另一个令人尴尬的事件发生在1997年，这一年两名持加拿大护照旅行的摩萨德特工试图在约旦首都安曼暗杀哈立德·马沙尔（Khalid Meshal），他们向马沙尔喷射了一种致命毒药。暗杀过后，以色列爆发一连串自杀式爆炸事件。毫无疑问，这次行动以惨败而告终，后来在内部调查中它也被称为一次"不专业的"行动。特工们搞砸了任务，被当场抓获。约旦人向以色列人施压，迫使他们为马沙尔解毒。另外，3年前与以色列签订和平协议的约旦人还要求释放被囚禁在以色列的哈马斯领导人谢赫·艾哈迈德·亚辛（Sheikh Ahmed Yassin），后者当时被囚禁在以色列监狱里。[3]这一事态发展将在未来几年产生广泛影响。几年后，亚辛频繁出现在公众视野当中，因为以色列人指责他是2000~2004年第二次因提法达期间爆发的自杀性袭击的主要煽动者。

于是，亚辛成了暗杀目标，以色列人想要除掉他。2003年，以色列空军向一个据说是亚辛与哈马斯其他领导人会面地点的建筑物投放了一枚重达550磅的炸弹。这次刺杀并未成功。2004年3月22日清晨，这个靠轮椅行走的教士在做完晨祷离开加沙的一座清真寺时，被以色列导弹击中，当场身亡。之后，巴勒斯坦人发誓要对以色列人展开猛烈报复。

以色列情报机构一直保持着不走寻常路的传统。除了发挥保卫国家、提前预警的作用外，它还承担着保护全球犹太人的责任。比如，人们普遍认为摩萨德在20世纪40~60年代将成千上万名伊拉克犹太人和摩洛哥犹太人偷偷空运到以色列。20年后，即1985年，以色列情报机构又用了六周的时间将8000名埃塞俄比亚犹太人从苏丹一个未公开的地方秘密空运到以色列，这次行动被称为摩西行动。但是，行动消息泄露，阿拉伯国家向苏丹施压，要求其停止援助以色列。于是，航班取消，近15000名犹太人被滞留下来。1991年，经过政治和外交角力，发往以色列的航班在所罗门行动中恢复运营。从5月24日（周五）开始，以色列航空公司的34架大型喷气式飞机和大力神C-130运输机，在36小时内不间断飞行，最终将被迫留下的14324名埃塞俄比亚犹太人空运到以色列。[4]

* * *

对安全的不懈追求促使以色列情报机构充分利用其人力资源，开发出复杂精妙的情报系统，而情报系统是许多技术革新的源泉，它不仅彻底改变了以色列的情报搜集方式，还对信息时代产生了极大的影响。这种情况就像一个逆时针旋转的陀螺在一个顺时针旋转的陀螺内旋转，敏捷的本能反应促使人们适应并思考不可能发生的事情。1987~1990年领导8200部队的退役准将埃利·巴尔（Elie Barr）说："当东西方冷战的时候，你能看穿一切，你可以告诉对方其他人在做什么。"这里的情况有所不同。今天是真主党，明天是伊拉克。虽然以色列与约旦保持着相对的和平，但你不能忽视它的存在，明天埃及的局势又可能发生变化。一切都是混乱的,它要求把创造力和有限的资源结合起来。"

这种精神特质可能是以色列先于其他国家,将人力和技术资源运用到传统间谍活动之外的原因。除了依靠创新求生存外,以色列还必须依靠创新来站稳脚跟。持续不断的压力促使以色列增加安全选择和安全级别,以应对新的、看不见的威胁。在实施过程中,一种思维方式被灌输给一代又一代以色列创新者。它的一个基本优势在于胆大无畏、偏爱非传统的东西。曾担任过战地排长,并获得以色列安全奖和创意情报奖(Intelligence Prize for Creativity)的埃班说:"在我还是情报官员时,我接受的训练是要像对手一样思考。"在职业生涯的某个时刻,他被派到位于亚利桑那州瓦丘卡堡(Fort Huachuca)的美国陆军情报中心交流学习。"我参加过几次演练,我们会在不同的军事形势下开展行动。每种情况都有两三种,甚至四种可能性,从最合理的那种到最不合理的那种。在瓦丘卡堡,他们只按书上的方法行事,但是有些做事方法是书上没有的。"他补充说:"当一些人在夜晚的路灯下寻找丢失的硬币时,我们只能在更可怕、更艰难的黑暗中寻找。"

2003年12月,在美国武装部队抓捕萨达姆·侯赛因仅仅几周后,以色列报纸披露了1992年伊扎克·拉宾总理下令暗杀这位伊拉克独裁者的计划。[5]这次行动是为了报复1991年第一次海湾战争期间萨达姆·侯赛因向以色列发射的39枚飞毛腿导弹。原计划是将以色列精锐突击侦察部队——萨耶雷特·马特卡尔成员空投到伊拉克,让他们在萨达姆岳父的葬礼上发射锁定萨达姆的特制导弹。然而,在内盖夫南部策蕾姆

（Tze'elim）基地的一次演练中，萨耶雷特·马特卡尔的5名士兵被误装的实弹炸死，任务因此被取消。

尽管发生了惨痛的训练事故，但有两点值得注意，从这两点也可以看出以色列人的惯常做法。首先，计划本身比较大胆，它要求将突击队员秘密投放到距离以色列至少400英里的敌方领土，任务结束后再让他们乘坐以色列飞机从伊拉克某个临时修建的机场撤离。其次，也是更重要的，它需要获得精确锁定萨达姆位置的情报信息，据报道，萨达姆是一个没有固定住所的独裁者，他在一个地方的休息时间不会超过几个小时，统治期间，他还配备了一支小型替身部队。以色列突击队员未能到达葬礼现场，但是正如情报部门所料，萨达姆·侯赛因确实出席了葬礼。[6]

除了胆大无畏外，以色列人还以细致入微和非凡的进取力著称，所以他们能够挖到最详细的信息，并使其充分发挥作用。通过常规手段如监视军队动向、摸清武器装备来获取情报是一回事，掌握军队极少公布的意图、动机、优势和劣势是另一回事。虽然有过明显的失败，但以色列人非常擅长发现线索并将线索串联起来。曾在1997～2001年指挥8200部队的退役准将平哈斯·布克里斯（Pinchas Buchris）说："我们知道小细节的重要性，我们花了很大工夫来拼凑小的细节，没有什么是小到可以忽略的。"线人、卧底特工和技术的存在使特工们擅于将少量的知识同丰富的想象力结合起来。

比如，1999年早些时候，以色列人与叙利亚人会面，试图就两国几十年的宿怨和边界争议问题进行谈判。对以色列人来说，他们想要更多了解叙利亚总统哈菲兹·阿萨德（Hafez

Assad）的情况。阿萨德是一个神秘莫测的人，自 1970 年通过不流血的政变上台以来，他已经统治叙利亚将近 29 年。然而，随着两国开启前所未有的和平谈判，可以明显看出阿萨德身体状况不佳，但具体情况（就像阿萨德的很多情况一样）并未对外公布。对以色列人来说，他们迫切想要知道自己将要面对什么样的局面，现在的阿萨德有意谈判，无论谁接替他的位置，都不太可能有这样的意愿。所以，最关键的问题是，这种政权更替将在何时发生。

据以色列国内外媒体报道，以色列人抓住为约旦国王侯赛因举行国葬的机会获取情报，后者同癌症抗争多年，最终于 1999 年 2 月去世。阿萨德将赴安曼参加侯赛因国王的葬礼。有一个专门给叙利亚领导人预留的专用卫生间，以色列人对卫生间管道进行改装，将其连到一个玻璃罐上。他们通过这种方式获得阿萨德的尿样，尿样被送到以色列，那里的医生对尿样进行评估，发现阿萨德已经处于癌症和糖尿病晚期。医生断定，这个叙利亚统治者命不久矣，事实确实如此，阿萨德在该事件发生 16 个月后离开人世。[7]

* * *

对许多人来说，以色列谍报工作的起源可以追溯到旧约时期摩西派 12 名间谍潜入迦南地，向他汇报迦南人的实力、数量和弱点。让特工穿越敌人防线的现代传统始于以色列建国前，一个叫帕尔马赫阿拉伯盛宴（Palmach Mista'aravim）的犹太小队，其成员伪装成阿拉伯人从事间谍工作。这个传统以多种形式延续下去，包括在巴勒斯坦领土上安插卧底部队。事实上，以色列情报机构的一个特点是它对人力情报（human intelligence）的巧妙利用，这是以色列在资源紧缺的土地上发掘本土资源的一个最杰出的例子。

在世界各地安插间谍的时候，以色列利用了它来自70多个国家的庞大的移民资源，尤其是那些原本生活在阿拉伯国家的移民。梅尔·阿米特回忆起来以色列的第一代移民。他们不仅能够说流利的阿拉伯语，还以阿拉伯人的身份生活，他们可以轻松地融入阿拉伯城市，而不会引起诸多猜疑。他说："这是我们在不被发现的情况下潜入阿拉伯国家的非常重要的资产，这不仅是教授语言的问题，他们还懂伊斯兰习俗，可以在清真寺祈祷，即使被叫起来也不会暴露身份。"他们中许多人非常优秀，有些人死在了战场上，埋在阿拉伯国家的墓地，至死他们的身份都没有暴露。也许有史以来最有名的以色列间谍是出生于埃及的伊利·科恩（Eli Cohen），他是以色列间谍史上的传奇人物，一度与叙利亚政府高官交往甚密。他花了两年时间塑造卡迈勒·阿明·塔贝斯（Kamal Amin Taabes）这个身份，卡迈勒·阿明·塔贝斯是一个出生在黎巴嫩的商人，他的父母是叙利亚人，他们先移民到埃及，后移民到阿根廷。在大马士革做卧底的3年时间里，伊利·科恩不仅披露了叙利亚在戈兰高地的防御设施，揭露其制订的让约旦河上游源头绕过以色列的计划，还编录了苏联运到叙利亚的武器清单，并详细描述了叙利亚和巴解组织的关系，直到1965年暴露后他在大马士革被公开处以绞刑。[8]

相比之下，美国是世界上最大的移民国家，它在很多时候发现自己缺乏语言方面的人才。比如，2001年9月11日遭受恐怖袭击后，美国政府缺少会说中亚和中东语言的人，于是它公开招聘以阿拉伯语、普什图语和乌尔都语为母语的员工。后来有报道称，20世纪90年代，当美国军队被部署到海地时，国家安全局只有一名精通海地克里奥尔语的人，在介入索马里和巴尔干冲突前，美国也遇到类似的缺乏语言专家的问题。[9]

格里罗特特别研究中心的一堆砂岩墙汇聚成人类大脑的形状，这让人们想起人力情报在以色列社会中发挥的重要作用。此外，这是为了纪念那些在谍报工作中丧生的人。这些墙体建于20世纪80年代中期，墙上雕刻着数百名在为国家情报机构工作时丧生的人员的名字，因为有意保密，墙上只记录了每个人的姓名和死亡日期。另一堵没有标记的墙是为了纪念那些即使死亡也必须隐去姓名的人。在国家情报日当天，这些人的家属会前来纪念他们。

以色列对人力情报的利用可能是独一无二的，而这个国家对精准情报和实时情报的独特需求刺激了电子谍报方法的运用和发展。以色列国防军是以色列重要的技术孵化器，它设计的先进电子武器弥补了它的人员短缺问题。和国防军一样，以色列情报部门在信息技术发展方面发挥了重要作用，随着时间的推移，这些技术将被应用到商业领域。

才华横溢的数学家、科学家尤瓦尔·尼曼（Yuval Néeman）在很早的时候就认识到技术在情报搜集领域的重要性。尤瓦尔1925年出生在特拉维夫，他在海法以色列理工学院获得工程学学士、硕士学位，在伦敦帝国理工学院获得科技学博士学位。绰号"大脑"的尼曼参加了1948年的第一次中东战争，后来加入军事情报局。他在粒子物理学、天体物理学、宇宙学和科学哲学领域做出了许多重要的贡献。他一生成就非凡,曾担任过特拉维夫大学校长、以色列科学发展部部长、首席国防科学家,并创建以色列航天局,还当过得克萨斯大学奥斯汀分校粒子理论中心主任,并以荣誉退休教授身份在那里定居。他提出的即时情报概念,现已成为情报搜集领域的一个常规概念,但在刚提出的时候,无疑是一个重大突破。[10]

那是在20世纪50年代,计算机科学更多的是幻想而非现实的年代。颇有先见之明的尼曼认为,技术可以提供一种方法,对现有的海量信息进行归类、分析,从而使人们更好地预测战争和恐怖袭击。以色列的地缘政治现实意味着依靠传统间谍技术是不够的:这个国家需要实时情报。虽然被认为是革命性的,但他相信实时情报将使以色列在对抗敌人时获得决定性优势。尼曼利用计算机分析、记录情报,由此推动电子情报业的发展,他的工作虽然规模不大,但在重要性上,可以与美国国防部和国家安全局的努力,甚至与当时欧洲的努力相提并论。[11]

电子情报取得了一系列飞跃式发展。经过计算机筛选、归类和分析的日常更新被电子观察站的动态更新所取代,这种观察站使以色列人借助能够捕捉谈话、搜集并记录信息的电子记录设备,时刻监视以方边境和敌方领土。方向已经确定,虽然预算、资源都十分有限,但以色列支持那些极具想象力的、古怪的、看似不可能的实验。例如,20世纪70年代,以色列人在数千名时常通过艾伦比桥(Allenby Bridge)进入以色列的阿拉伯人身上测试微波呼吸监测仪。这样做的目的是缩小嫌疑人的范围,同时让其他人尽快通过。当士兵们检查入境的阿拉伯人时，一台专为他们准备的监视器会记录从他们胃部反射出的微波，呼吸频率比正常频率快的人会被标记出来，进行额外检查。[12]

多年来，以色列一直受益于与美国及其政府机构的战略、军事和技术合作，但尼曼的工作仍为许多改善情报工作的设备、系统和发明的出现奠定了基础。它扩大了情报搜集的范围，为传统特工提供了更好、更快、更精密的工具，它将促进通信和雷达监控系统的革新。尼曼的创新生涯给人留下深刻的印象，其中影响最大的发明是他设计的一个追踪潜艇的计算机系统。[13]随着时间的推移，以色列将创建一些隶属情报机构的技术单元，这些技术单元将不断发明新的方法和手段来预测、预防战争，发挥保卫国家的作用。

以色列情报机构在很多方面是与众不同的：比如它的方法、路径及其对"有价值人物"的利用，它因此获得了令其同行和对手既敬畏又恐惧的名声。以色列的情报机构之所以与众不同，并不是因为它比别的情报机构更加优秀。它确实有个不可低估的基本因素，就是它的运营动力。曾经担任摩萨德副局长的乌兹·阿拉德说："我们的人更加敬业，我们相信斗争哲学。我们加入这个组织不是为了好玩。英国情报机构负责人曾经对我说，'这不是一个伟大的游戏吗？'以色列人不喜欢耍聪明。让我们与众不同的是我们的人力资源，我们的人拥有更强的动力和使命感，我们要更加努力，这就是我们有别于其他机构的地方。"

情报工作的难点在于它不是一门科学：它要求一个人尽可能多地了解他的敌人，也就是说，总是存在某种固有的怀疑、不确定性和未知性。未知空间很大，而处理未知意味着一个人要面对选择。

以色列的身份认同越来越被冲突定义，先是与阿拉伯邻国的冲突，接着是与巴勒斯坦人的冲突。以色列已经形成一种无孔不入的军事情报文化，既关乎军事力量，又关乎国民认同，这两者是密不可分的。军队在很多国家的国民生活中发挥着核心作用，和这些国家一样，在以色列，军队依然是权力的仲裁者，它在塑造领导人及其支持网络方面发挥着重要作用。然而，表象之下存在着某种共生关系，在一个拥有强大军事存在的社会中，它打破了权力与领导、统治者与被统治者之间的常规关系。诚然，作为中东主要的军事强国，以色列的过人之处可能引发严肃讨论，但显而易见的是，这种独特的军事力量没有成为遏制变革和新思想的闸门，反而成为它们的输送渠道。以色列的军事文化与以色列社会是密不可分的，而以色列社会的一个不可磨灭的特征是对创造力、企业家精神和创新的热爱。

第五章
窃 听

特拉维夫中部，以色列，1996年1月5日……

清晨，特拉维夫市中心的基里亚暗褐色军事建筑群中的人员迎来了片刻的轻松。以色列军方和情报部高层得知，在不到50英里外的一个肮脏的加沙难民营里，在这块对暴力并不陌生的土地上制造了一系列致命恐怖袭击的那个人已经死亡。他是哈马斯的炸弹制作大师，是被以色列通缉的头号恐怖分子叶海亚·阿亚什（Yehiya Ayyash）。在三年的时间里，阿亚什制造的致命炸弹造成100多人死亡，500人重伤。在其恐怖活动期间，阿亚什成功逃脱以色列军队的追捕，迷惑以色列情报人员，几乎使奥斯陆和平进程陷入瘫痪。现在，对这个所谓的中东"工程师"的追捕终于结束了。

它是从一个电话开始，然后在一瞬间结束。

以色列对叶海亚·阿亚什的抓捕始于1993年4月16日凌晨1时前后。他设计的炸弹正装在一辆大众汽车里，沿着约旦河高速公路行驶，炸弹并未被检测出来。一个名叫沙哈尔·阿尔-纳布勒西（Shahar al-Nabulsi）的巴勒斯坦年轻人把汽车从纳布卢斯开到梅胡拉（Mehula）路口，停在两辆以色列公交车中间。阿尔-纳布勒西打开总控制开关，引爆绑在汽车油箱上的大量炸药。爆炸的火团喷涌直上，冲天火焰将大众汽车烧成空架，阿尔-纳布勒西当场死亡，他的身体被炸得四零八散，有些身体部位被炸到 100 码外的地方。

爆炸还造成一名阿拉伯工人死亡，那天早上，这名阿拉伯工人不幸站在梅胡拉路口附近，炸弹附近的 20 名以色列士兵和一名平民也受到不同程度的伤害。这次恐怖袭击的影响远远超过它造成的直接伤亡，它是巴以冲突的一个重要转折点，而阿亚什是那个将自杀式炸弹作为恐怖武器引入以色列街头的人。

梅胡拉袭击发生后，又出现了多起自杀式爆炸袭击，袭击者的行动更加频繁和老道。一年前，阿亚什在特拉维夫东北部拉马特-伊法尔（Ramat Efal）的一辆汽车上设下饵雷，但以色列警方发现了这辆可疑汽车，在它造成伤害前将其炸毁。拉马特-伊法尔只是一个测试案例，梅胡拉袭击才是阿亚什的开场王牌。如果对这些袭击的蓄意性质或其来源有任何疑问的话，那么你将在 1994 年 4 月 6 日找到答案。这一天，一个名叫拉伊德·扎卡尔纳（Ra'id Zaqarna）的年轻人开着一辆蓝色欧宝阿斯科纳（Opel Ascona）汽车前往耶斯列山谷（Jezreel Valley）小镇阿弗拉（Afula），车上装满了阿亚什用煤气罐和杀伤性手榴弹制作的、用木匠钉加固的炸弹，扎卡尔纳很可能是哈马斯和其他军事组织从清真寺招募的潜在自杀式炸弹袭击者。他把汽车停在一辆 348 路公交车前面，这辆公交车刚刚搭载了一群高中生，而此时扎卡尔纳引爆了炸弹。随着汽车喷出一团黑烟和火焰,整个区域能听到雷鸣般的巨响。这次爆炸造成9人死亡,55人受伤。

几天后,一辆从海法南部海滨城镇哈德拉(Hadera)开往特拉维夫的拥挤巴士,在出发后不久被一枚自杀式炸弹炸毁。这次爆炸造成6人死亡,30人重伤。同年10月,5路公交车在经过特拉维夫繁忙的迪曾戈夫广场(Dizengoff Square)时被威力无比的炸弹拦腰炸断。这次大爆炸造成21人死亡,50人受伤,爆炸力量如此巨大,以至于它把公交车的底盘掀了起来。

很快,人们发现,这些炸弹并非出自外行人之手,而是一名技术熟练的操作员的杰作。每个炸弹上面都有一个所谓的签名(一个显示其制作方式的共同特征),而这些自杀式袭击都带着某个人的阴险标记。以色列人通过线人、审讯和电子监控线索,逐渐锁定炸弹制造者的身份。叶海亚·阿亚什来自约旦河西岸的拉法特村(Village of Rafat),他是三个兄弟里面年龄最大的。阿亚什是一名虔诚的穆斯林,也是一名优秀学生,他在机械方面颇有天赋,于是他来到比尔泽特大学(Bir Zeit University)学习电气工程。毫无疑问,以色列对约旦河西岸土地的占领使他心生怨恨。他之所以危险,不仅是因为他能够制造炸弹,还因为他有很强的教学天赋,他利用这种天赋教授年轻、狂热的激进分子如何制作炸弹。

阿亚什对以色列当局构成严重的威胁——尤其是辛贝特,其特工在巴勒斯坦部署了数个卧底小队和一个线人网络。以色列人花了三年时间来追捕他,他头脑聪明,神出鬼没,且很少犯错误。成了以色列人的头号公敌后,阿亚什也很快成为巴勒斯坦人中的传奇人物,他的名声传遍巴勒斯坦乡村、城镇和难民营。阿亚什靠自己的机智活了下来,他在加沙和约旦河西岸的安全住所来回穿梭,他很少在同一个地方休息很长时间。他还是一名伪装大师,据报道,他最喜欢的掩护身份是正统派犹太人和以色列士兵。[1] 以色列特工锲而不舍地追捕他,还时刻不停地监视他的父母和妻子。尽管如此,阿亚什依然能从他们布下的天罗地网中逃脱。以色列人不止一次差点抓住他,有时前后只差几分钟。

很明显,只抓住阿亚什是不够的。为了遏制他释放的、极具破坏力的"人弹部队"的流动,他本人必须被处死。一些以色列人这样描述他们面临的恐怖袭击:当有人愿意献身时,游戏规则就已发生改变。几年后,以色列再次遭遇一系列自杀式袭击,准将什穆埃尔·亚钦解释说:"在自杀式袭击面前,人性的门槛已经被越过。"对死亡的终极抑制作用或者说杠杆作用已经不再适用,智取自杀式袭击者是一个全新的课题。阿亚什打破了平衡,他激活了一种能够使整个社会陷入恐慌和瘫痪的有效武器。消灭恐怖分子的做事动机几乎是不可能的,但是,可以削弱他们凭这些动机做事的能力。

阿亚什很聪明,以色列人要更加聪明。以色列人坚忍刚毅,他们需要一个突破口,但他们缺乏时间。正如以色列人所说的,在抓到阿亚什之前,他一直是下次袭击发生前的"一颗定时炸弹"。在《奥斯陆协议》下,巴勒斯坦民族权力机构表面上与以色列开展安全合作,于是,以色列人一再要求它逮捕阿亚什。阿拉法特一度告诉他们,阿亚什在苏丹。[2] 有鉴于此,以色列人不得不亲自解决问题。

1995年底，以色列人在卡米尔·哈马德（Kamil Hamad）身上找到突破口。哈马德是一个富有的加沙商人，人们普遍认为，他和以色列军方有联系。据报道，他当过某种形式的线人，从辛贝特那里领薪水。在追捕阿亚什期间，卡米尔·哈马德这个人跳了出来。哈马德的侄子奥萨马·哈马德（Osama Hamad）是哈马斯成员，奥萨马曾为他的大学朋友阿亚什提供住处。这个住处位于加沙最北端的难民城镇贝特拉希亚（Beit Lahiya），是众多煤渣砖建筑中的一个公寓。以色列军方对阿亚什的追捕行动，虽然多次遭遇阻挠、挫败，甚至差点成功，但最终一无所获。现在它又重燃希望，因为以色列人知道了阿亚什的一个固定住所。此外，一个锁定他的新闻头条计划开始启动。

阿亚什非常注意自己的行踪，只有一回除外。他的一个致命习惯是，与家人长期保持相对规律的联系——通常是借助手机，为避免被以色列人发现，他经常更换手机号。奥萨马为他的叔叔工作，一起做生意的时候，卡米尔·哈马德为他的侄子买了一部手机。有时，奥萨马会把手机借给他的朋友阿亚什。很明显，在某个时刻，阿亚什把手机号码发给了他的父亲。但是，在此期间，以色列人说服卡米尔·哈马德先把手机交给他们。

1996年1月5日，阿亚什的父亲试图拨打公寓的固定电话，但电话总是占线。于是，他拨打了儿子给他的手机号码。接下来发生的事被详细记录下来，阿亚什在手机上向父亲致意，之后不久，手机爆炸，阿亚什当场死亡。这场处决是如此精准，以至于当他被发现时，除了右脸被炸毁外，他的尸体依然完好无损。

尽管以色列没有宣称对阿亚什的死负责，但以色列政府长期采取尽可能消灭、预防恐怖主义的政策。此外，在阿亚什尸体被发现后不久，关于他死亡的消息迅速见诸以色列媒体，这强烈暗示了以色列特工就是这次袭击的幕后主使。[3]在接下来几年里，阿亚什被手机炸死的事实成为一个众所周知的事情，这在很大程度上归功于辛贝特。但是，和大多数行动一样，这次行动依靠的是以色列情报部门和安全部门的精心设计。虽然大部分细节尚未公布，但可以肯定的是，它需要大量的情报。这次行动明显涉及一流的人力情报，还涉及大量的电子信息技术和"信号魔术"。

以色列对实时情报的强烈需求使它积累了大量有关其对手的信息，随着时间的推移，这种情报搜集工作要求创新并改进技术手段，以筛选、分析其搜集的海量信息。因此，当卡米尔·哈马德的名字出现时，联系便建立起来，而实施计划只是时间问题。[4]以色列人可以操控阿亚什使用手机，因为即使是最好时段，占领区的电话线路也经常出问题，所以它在1月5日上午出现问题不会引起阿亚什的任何警惕。人们普遍认为，是情报机构阻断了阿亚什住所的电话线路。这种策略并不稀奇，1988年4月，当以色列突击队员冲进巴解组织二号人物阿布·杰哈德（Abu Jihad）在突尼斯的别墅并杀害他时，附近的电话线和无线电连接也因干扰而中断，目的是防止他人在突袭期间联系当地政府，同时确保以色列士兵在袭击后及时撤离现场。[5]

该行动最关键的环节也许是一旦使用手机，要确保接听电话的人是阿亚什。为了验证来电者的身份，必须有人监听手机。据报道，当阿亚什用其友人的手机接听电话时，一架没有标记的小型飞机在贝特拉希亚上空飞行,机上有一名以色列特工,据说当阿亚什问候他父亲时,这个人正戴着耳机监听。几乎在老阿亚什回复他儿子的那一刻,谈话就结束了。中东"工程师"的身份一经确认,藏在手机电池槽里的 50 克 RDX 炸药就被无线电信号引爆了。

*   *   *

8200 部队可能是以色列最强大、最有影响力的谍报机构。然而,在大批士兵退役并成为企业家之前,8200 部队可能是几个谍报机构中最默默无闻的。几十年来,它的存在一直被隐藏在各种保密、匿名的外衣之下,以色列人小心翼翼地守护着这个部队的秘密,以至于只有一小部分人能够准确评估它在以色列情报系统及其成功运作中的重要作用。但是,追溯这个部队的活动线索可以看出,它对以色列高科技产业发展产生了巨大的影响,而这种影响已经不是秘密。作为一个极具影响力的群体,8200 部队是以色列创新形象中的一个典型案例,这种创新是由安全威胁、创造力、决心以及以色列对科学、技术和教育的重视共同造就的,目的是弥补其在土地、边界和人员上的不足。

为了获取对手和盟友的情报,以色列付出了不懈的努力,它从很早的时候就认识到,这个国家需要用技术来提升其卓有成效的人力情报能力。而这种需求的一个重要组成部分就是窃听技术。国外报道经常拿 8200 部队与美国国家安全局(NSA)作对比,这支部队的任务是保护以色列的敏感数据,搜集、破译并分析它在复杂的电子搜索网中捕捉、拦截、瞄准到的数百万(如果不是数亿)条信息。以色列在严密监听巴勒斯坦领土上的通信活动，以及巴勒斯坦与其他阿拉伯国家的联系，这是一个公开的秘密，做这件事的正是8200部队，它在监控通信网络上的各种电子信息、声音和数据流量。约西·梅尔曼（Yossi Melman）是以色列《国土报》的一名通讯记者，他与人合著《每个间谍都是王子》（*Every Spy a Prince*）。作为以色列情报机构的资深记录者，约西·梅尔曼称8200部队是"以色列情报搜集领域最重要的部队"。它（在情报领域）是最重要的，比摩萨德或其他任何机构都要重要，它的作用远远超出军事情报机构的范畴。

对大部分人来说，摩萨德（以色列最令人敬畏的情报机构）这个名字让人想到一个无所畏惧、冷酷无情、为自己国家进行秘密战争的、狡猾的间谍集团。毕竟，它的座右铭是"你将通过欺骗发动战争"。过去几十年，摩萨德确实如此行事。它在世界各地有着许多看似不可能的英勇事迹，在这个高风险的生存游戏中，它有着神话般的地位。许多涉及以色列的特殊行动——虽然已经为人所知——都因摩萨德的惊人创举而无人不晓。一些特殊行动涉及精英卧底部队，还有一些特殊行动涉及技术手法，但它们都需要非常具体的、精确的情报信息。

就种类而言，以色列需要应对的问题和威胁与更强大的国家及其安全机构没什么不同。但是，以色列情报机构没有同样的资源或预算，也没有同样的技术条件来应对这些威胁和挑战。所以，就像它所属的军队一样，在开发、创建自己的复杂系统方面，8200部队在很大程度上依靠的是自己的聪明才智。这个部队把以色列最聪明、最有创造力的人才招募进来，给他们一个充满活力的技术沙盒，让他们可以进入其中玩耍。在以技术为导向的部队中，8200部队已经成为以色列国防军研发先进技术的重要力量。

1950年，这个部队成为以色列国防军电子通信师的一个部门，它还获得15000美元的预算和11万美元的追加款，用于购买国外电子设备。这些年来，8200部队的经费得到极大的扩充。据报道，这个部门的预算让摩萨德都不可相比。很明显，在早些时候，它的预算、资源和人手一直无法满足它的需求。与此同时，世界各地的电子战争仍在秘密进行，它能获得的资源非常少。此外，考虑到情报工作的秘密性质，8200部队不能进行大规模采购。它只能自己开发技术，寻找解决方案，并根据自己的需求调整现有系统。说到情报设备，一名曾在该部队服役17年的军官——鲁文这样解释道："你不想暴露自己的工作单位。如果你购买东西，你就会暴露自己的工作地。所以，我们不能购买核心技术，只能关起门来自己研发。"

自成立之日起，以色列政府既未公开宣布，也未正式承认8200部队的存在。此外，虽然它的活动痕迹数不胜数，但是无法追踪。它的大部分工作仍然处于保密状态，但是随着时间的推移，有关其活动的传言开始浮出水面。它的一些活动是故意暴露出来的，比如纳赛尔和侯赛因的谈话以及对"阿基莱·劳伦"号的窃听，但大多数情况下只是暗示8200部队曾经做过这些事情。有时，这个部门也会被公开提及，但通常用隐晦的词语，比如称它为中央情报搜集部队或者以色列军事情报局的电子窃听分支。维克多·奥斯特洛夫斯基（Victor

Ostrovsky）曾经担任摩萨德情报官员，他对其任职经历进行了充满争议又让人幻想破灭的描述。在他的描述中，8200部队有了具体的名字，并同它的一些活动联系在一起，这是它的其中一次公开亮相。在《用欺骗的方式》（*By Way of Deception*）这本书中，维克多简要提到8200部队所从事的、复杂的通信干扰工作，比如从与西西里岛巴勒莫（Palermo）的地中海电缆相连的卫星系统中窃取阿拉伯人的传输信息。[6]

后来，随着军事情报圈的不断扩展，8200部队的地位越来越受尊崇。它成为强悍的精英突击队如萨耶雷特·马特卡尔的智慧版部队。这些人拥有自己的炼金术，他们使用的货币不是黄金，而是相对来说更有价值的信息技术。他们为以色列国防军研发了最先进的电子通信技术。随着以色列经济的高速发展（这在很大程度上得益于20世纪90年代中期高科技行业的突飞猛进），这个一直默默无闻的部队突然走到聚光灯下。这是因为数量惊人的商业科技公司开始出现在这个国家，而它们的创立者中似乎有相当一部分出自国防军的同一个四位编号部队。以色列《国土报》曾说这个部队是以色列经济中最重要的力量。该报纸还列出一份8200部队的大宗交易清单，清单上有软件公司欧沙浦科技（Oshap Technologies），该公司以2.1亿美元的价格被美国金仕达数据（Sunguard Data）有限公司收购。[7]很快，从硅谷到日本的风险投资者都开始询问以色列企业家："你是从那个部队出来的吗？"

这个部队（包括其成员的信息）的详细情况是对外保密的，所以关于它的故事只存在于传说中，包括它名字的由来。当然，和大部分传说一样，它的历史融入了一些堂吉诃德式的元素——随着时间的推移，它逐渐演变成神话和现实的混合体——8200部队也不例外。它的名字就是一个简单的四位数字（尽管多年来它有过许多不同的番号，它还一度被称为848部队），而这个数字极有可能是计算机自动分配的。不过，关于这个部队的起源还有一个流传比较广的故事。据说，这个电子作战部队的名字起源于它的创始成员：8名阿什肯纳兹犹太人和200名伊拉克裔塞法尔迪犹太人，后者从英国人那里获得无线通信方面的知识，另外，作为伊拉克铁路广播话务员，他们比任何人都懂阿拉伯语。

实际上，从情感角度讲，这种描述并不离谱，即使它在叙述历史细节方面还有所欠缺。然而，该部队的起源是一个比较实际的问题，它始于和犹太特工相关的非国家机构的大杂烩，这些特工在英国委任统治下学习窃听技术和早期信号情报技术。事实上，早些时候，犹太特工的许多技能都是在英国委任统治时期获取的，这个时期，犹太人与英国人紧密合作，先是反抗土耳其人，后又反抗纳粹德国，再后来，地下组织哈加纳将利用这些技术来反抗英国人。

独立建国后，在特拉维夫南部港口城市雅法的一座绿色别墅里（该别墅曾经属于一名阿拉伯酋长），以色列人建立了一支小型秘密电子战部队。它的代号为兔子，隶属情报二处，这是一个负责监控敌方传输信息的机构，而它的名字相当缺乏想象力。兔子的任务是破译密码、截获阿拉伯邻国的电子信息。它的逻辑很简单：关于敌人的信息是必不可少的，它决定着其他所有行动，而该部队将通过技术手段获取这些信息。

以色列建国初期，世界上只有少数国家拥有破译密码的能力和辅助情报工作的计算机系统。当然，这里面肯定有美国、英国和苏联。作为现代国家，以色列很快加入这个行列，因为它很早就认识到技术在提高情报和防御能力方面的重要性。《国土报》情报方面的记者约西·梅尔曼说："以色列走在这些国家的前列，它在世界上排名前十。"根据梅尔曼的说法，埃及总统纳赛尔与约旦国王侯赛因1967年通话的曝光不仅展示了以色列的技术能力，也展示了阿拉伯国家和以色列在想法上的不同。他解释说："这表明阿拉伯领导人对我们的技术能力一无所知，他们在公开线路上交谈。以色列比它们有优势不是因为以色列有先进的设备，而是因为我们有窃听他们谈话的想法。"

虽然很早就意识到技术能够发挥的重要作用，但以色列在许多方面受到诸多限制。因为缺乏谍报方面的传统、经验，缺乏一些国家分配给老牌特工机构的预算和相对成熟的技术能力，所以，这支部队只能在极端压力下想方设法寻找通往成功的途径。比如，建国后不久，以色列人就尝试把一根几百米长的金属线做成天线绑在两根杆子上，然后把它连到一个老式S38接收器上，这是以色列人监听阿拉伯人通信最早的也是最初级的尝试之一。其他计划则需要另一种创新技能。1949年，该部队仿照从BBC窃取的设计图开发、制造出第一台监听器。

代表这个部队的即兴风格在很早时候就出现了，并且一直保持不变。20世纪60年代末，它用一种被称为"僵尸"的大型天线来捕捉信号，这个天线必须装在大卡车后面运送到指定的地点，而唯一能够承载它的卡车太过破旧，以至于第二辆卡车必须带着可替换零部件跟着它，以防它散架。部队成员每次出去接收信号，都要出动两辆卡车——一辆装载天线，另一辆装载卡车的零部件。1966年，也就是以色列在六日战争中夺取约旦河西岸的前一年，国防军从英国人那里购买了第一个热气球，用来监测信号。唯一的问题是，以色列人不知道在哪个位置可以捕捉到监测目标的最强广播信号。于是，8200部队的一名士兵乘坐一架小型飞机绕耶路撒冷飞行，飞行期间，他把天线伸出舱外，在屏幕上观测信号。当飞机改变方向时，他需要把天线移到对面的窗口。他把收到的信号绘成图表，以确定信号最强的位置，也就是需要放置热气球的位置，这个地方就是内韦·伊兰（Neve Ilan）。一年后，以色列通过六日战争占领整个约旦河西岸，这个时候，他们终于不用再让热气球飘在耶路撒冷上空了。

8200部队粗糙而简陋的设备还被用到它初期设立监听站的地方。20世纪50年代初，该部队离开了雅法，在以色列中部果园建立据点。技术人员在这里铺设天线，他们开始把部队工作延伸到电子、信号、通信和其他互补学科。到20世纪60年代中期，8200部队已经在以色列不同地区建立了5个基地，包括内盖夫沙漠的贝尔谢巴、北部的加利尔（Galil）和耶路撒冷。8200部队的据点还包括加利尔的一座警察度假大楼，冬季来临后，因为无人前来度假，大楼就成了8200部队的基地。夏季来临后，警察回来度假，部队成员不得不拆掉监控设备，把它们搬到花园里。另一个基地设在地中海沿岸的一个养狗场，在投入使用前，士兵们不得不卖掉里面所有的狗。

早些时候，8200部队还在以色列国界外开展秘密工作。有两个早期案例相继曝光，因为它们最终被发现了，其中一个还造成了悲剧性结果。1954年，5名以色列士兵被叙利亚人抓获，因为他们在戈兰高地（当时属于叙利亚的一部分）防御工事中间的电话线上发现了以色列人安装的窃听设备。这些设备中有一根长长的黑色天线，天线会把信号传输到以色列的一个接收器以及埋在地下的一个小型应答器上，应答器内装着内置炸药，它会在设备被发现时自动爆炸。其中一名被抓获的士兵乌里·伊兰（Uri Ilan）是以色列议会议员、原马帕伊党党员的儿子，他在叙利亚监狱里自杀。一年后，当他的遗体被归还以色列时，人们发现他留下的一张纸条，上面写着："我没有背叛我的国家。"[8] 大约20年后，也就是20世纪70年代初，在苏伊士湾的一个埃及军事基地附近，以色列人用一根中空的电线杆替代原来的电线杆，以此方式接入埃及的军事通信系统。杆子里面有一个镍镉电池供电的发射器，它可以接收并传输埃及红海警卫队与其主要军事线路的通信。[9]

技术进步也使谍报能力实现重大飞跃。在激烈的竞争中，以色列情报机构、美国国家安全局、英国政府通讯总部（GCHQ）和苏联总参谋部情报总局（Glavnoye Razvedyvatelnoye Upravleniye, GRU）等，将在实现技术突破方面发挥越来越重要的作用。阿哈龙·泽维·法卡什少将曾在1990~1993年领导8200部队，2001年被任命为军事情报局局长，他说，正是这些组织极大地促进了技术的发展：

> 它们面对的是高科技的核心问题。为了完成闭合循环操作，你需要构建一个原型，并在短时间内使它能够正常运行。信号情报的建立是以电子情报为基础的，通信情报

的建立是以通信技术为基础的，20世纪六七十年代，因为美苏冷战，视觉情报突然出现。情报卫星的发射，是开发分辨率从10米到5米，再到1米，甚至更小的高清图像竞赛的开始。

法卡什认为将卫星图像用于情报工作，对后来民用技术的发展来说是非常重要的。他说："但是从一开始，情报机构的竞赛非常激烈，它们在这方面花了数十亿美元。"

这些领域知识的积累增加了现有选择范围，也造就了后面那些突破想象力的行动。迄今为止，以色列最著名的反恐行动是1976年突击队员在乌干达恩德培机场解救以色列乘客的行动，这些乘客在从特拉维夫飞往巴黎的法国航班上遭到劫持，之后被扣押在乌干达恩德培机场。这一事件成为数部电影的主题，引得无数文人墨客挥洒笔墨。这次行动能够取得成功的一个重要原因是以色列人开发了一种安全的语音通信系统，它使飞机，包括充当飞行指挥和控制中心的波音707飞机，得以从以色列飞到非洲而不被发现。一名曾在8200部队服役20多年的前陆军上校说："总的来说，如果没有这个系统的话，恩德培行动就不可能获得成功。（这次行动）需要一个精心设计的通信系统。"

随着时间的推移，通信情报将发挥越来越重要的作用。就像1970年的埃以消耗战，在这场充满政治色彩的混战中，通信情报就扮演了比较重要的角色。埃以消耗战从1969年开始，它以持续炮击、突击队袭击和反击为标志，一直持续了3年。至于1967年以色列针对其阿拉伯盟友取得的压倒性胜利，苏联人并不以为意，他们继续为埃及人提供防空导弹、坦克和米格战斗机，他们还派出几千名苏联军事顾问和技术人员，支援这里的兵工厂建设。以色列人一度动用他们的空军力量，很快，驾驶美制F-4"幻影"战斗机和A-4"天鹰"战斗机的以色列飞行员出现在西奈半岛上空，同驾驶苏制米格战斗机的埃及飞行员展开混战，这种混战类似于美国老西部的空中枪战，事实上，他们交火的那片棕色沙漠被戏称为"得克萨斯"。[10]

1970年上半年，苏联让自己的飞行员协助保卫埃及空军基地和开罗领空，当他们执行与以色列空军接近全面对抗的战斗任务时，局势开始升级。6月，以色列的一架A-4"天鹰"战机在苏伊士运河上空被两架米格-21战机驱赶到西奈半岛（其中一架米格战机发射了一枚空对空导弹，导弹击中以色列战机，迫使以色列飞行员跳伞），这之后，以色列制订了一个复杂的计划，目标是在下次对抗中，将驾驶米格战机的苏联人引入以色列人的埋伏圈。

7月30日，以色列的4架幻影IIIC战斗机起飞，袭击位于尼罗河西岸的埃及雷达站。苏联紧急出动8架米格-21战斗机，希望能够击落以色列战机。当米格-21战机向西飞行时，以色列特工紧密监视即将爆发的冲突，以确定飞往埃及的米格-21战机是由苏联人驾驶的。确定之后，另外4架低空待命的幻影战机出现在米格-21战机侧后翼。苏联人反应过来，迅速出动12架米格-21战机加入战斗。当驾驶舱里的苏联飞行员，准备与8架以色列幻影战机对抗时，4架在雷达探测下飞行的以色列"幽灵"F-4战机从其下方出现并加入战斗。在这场激烈的混战中，以色列击落5架米格-21战机，杀死两名苏联飞行员，剩下三名苏联飞行员跳伞逃生。其余的米格-21战机停止战斗，以色列飞行员也选择终止战斗。

8200部队的一名前任高级军官评论说："8200部队确认苏联飞行员在以埃及人的身份飞行之后，才有了这次行动。就信号情报而言，这是一场非常复杂的伏击战。"复杂的行动情报使以色列人得以监听敌方驾驶舱的通信，同时掩盖己方驾驶舱的通信。他说："30~40秒后，你就会听到苏联飞行员坠机的声音。""如果没有信号情报，（这项任务）是不可能公布的。"[11]

从本质上讲，8200部队在以色列扮演着两个重要角色。当然，它最重要的角色是提供情报。这是一支活跃在各个领域的大型部队，它负责搜集、传递可以即刻影响以色列安全的行动情报。从表面上看，这是一个参与信息战的部队，当然，具体情况不得而知。尽管层层保密，但该部队的文化还是暴露在公众面前，它留下了属于自己的特殊印记。面对持续紧张的安全局势，以色列需要在没有现成解决方案的情况下应对各种问题。8200部队需要在有限的时间里发挥重要作用，需要在它说的困难的、不可能的领域内寻找解决途径。所以，在以色列，这支部队扮演着次要的非官方角色，它既是以色列的技术研发引擎，又是培养创新人才的最重要的机构之一。

第六章
情报搜集机构

埃因·扎哈布（Ein Tzahab），叙利亚，2003年10月5日……

  三年来的大部分时间里，以色列一直将F-16战机部署在约旦河西岸和加沙地带，以打击该地区的一些军事目标，偶尔也在不断变动的黎巴嫩边境扫射真主党目标，但是在凌晨4时30分，它们把活动范围扩大到叙利亚腹地。有段时间，以色列安全机构人员一直在搜集埃因·扎哈布营地的信息，这个营地位于大马士革西北部14英里处，他们发现，营地的预备战斗人员除了学习知识外，还在学习游击战和如何制造炸弹。他们确定，这是一个激进分子训练基地。另外，他们还发现，埃因·扎哈布的一些毕业生在接受指导和赞助后，会返回巴勒斯坦领土。

  据以色列人说，包括巴勒斯坦解放阵线——总指挥部（PFLP）、伊斯兰圣战组织和哈马斯在内的组织都在使用这个营地来培训激进分子，后两个组织领导的袭击活动是2000年9月巴勒斯坦因提法达开始的标志。虽然叙利亚人否认在他们的国土上存在着这样的一个训练基地，但哈马斯和伊斯兰圣战组织确实在大马士革设有办事处。沙龙领导下的以色列政府想要传递这样一个信息，它已经做好准备打击激进分子、打击那些他们认为帮助激进分子的人，无论他们身在何方。

不到24小时之前，来自约旦河西岸城市杰宁的29岁女律师哈纳迪·贾拉达特（Hanadi Jaradat）在衣服下面系上一条绑满炸药的腰带，她走进港口城市海法的一家餐馆，在那里引爆炸弹。这次自杀式袭击造成21人死亡，50多人受伤，袭击发生在周六下午，当时很多人正在颇受欢迎的马克西姆法餐厅用餐。事件发生后，伊斯兰圣战组织声称会对该事件负责。

以色列直接对大马士革实施报复行动。赎罪日战争过去30年后，以色列战机第一次飞到叙利亚领空，它们在埃因·扎哈布营地投下精确制导的炸弹。[1]当战机返回基地时，该营地已经成为一片废墟，放眼望去，只剩下团团烟雾从之前掩藏它的干涸河床中袅袅升起。

以色列曾多次指责叙利亚，因为它支持在巴勒斯坦境外活动的激进组织，支持在黎巴嫩南部活动的真主党激进分子对抗以色列。比如，哈马斯领导人哈立德·马沙尔（1997年，摩萨德试图在约旦暗杀哈立德·马沙尔，但未获成功）和伊斯兰圣战组织头目拉马丹·阿卜杜拉·沙拉赫（Ramadan Abdullah Shalah）都以叙利亚为基地。美国也对叙利亚采取更加强硬的态度，特别是"9·11"事件发生后，美国呼吁大马士革停止支持巴勒斯坦激进组织，并打击在其境内活动的恐怖组织。叙利亚政府和伊斯兰圣战组织否认以色列的指控，声称埃因·扎哈布只是一个收容巴勒斯坦难民的民用营地。话虽如此，但他们拒绝让记者参观这个地方。

越境打击后，以色列国防军公布了他们从伊朗电视上截取的一个未标明日期的电视片段，他们声称这是一个关于埃因·扎哈布营地的电视片段。画面显示，一名军官正带人参观营地，营地的一个房间里摆着明显从以色列缴获的武器，还有塞满武器和弹药的隧道。此后不久，面对周边国家和国际社会对空袭事件的谴责，相关信息开始浮出水面，它在一定程度上证实了以色列对该地点的描述。华盛顿的报告显示，美国侦察卫星已在营地附近发现新的建筑活动。[2] 另外，《时代》杂志报道说，伊朗军方人士曾在 2003 年夏初前往埃因·扎哈布营地，很明显，这是为了给伊斯兰圣战组织营地运送装备。[3]

埃因·扎哈布营地的活动可能永远不会公开。但是，在以色列边境摆放着一些大功率电子监控设备，以色列最重要的战略信号情报站之一就设在黑门山，距离大马士革只有 21 英里。在 8200 部队的运营下，黑门山成为以色列北部的电子眼睛和耳朵，以色列人可以在黑门山上监视、拦截、破译从这个地区发出的各种信息。1967 年，以色列人通过六日战争夺取戈兰高地，占领黑门山，自此以后，黑门山一直是以色列的科技制高点。和其他哨站一样，黑门山处在以色列无时无刻不在进行的防卫战争的最前线。他们参与的战斗是信息战，而在这场战斗中，以色列电子军团使用的技术处于战争的核心位置。

黑门山是戈兰高地北部的一座白雪皑皑的山峰，它高出上约旦河谷大约 9230 英尺。黑门山是这个地区最高的山峰，它是叙利亚、黎巴嫩和以色列的界山，而它们中间是一个个非军事区。在以色列这边，有一个不起眼的滑雪场坐落在倾斜的山坡上，山脚下是该地区最大的德鲁兹村庄——迈季代勒舍姆斯

(Majdal Shams)。迈季代勒舍姆斯南面是公羊池（Ram Pool），一个由死火山经过数千年演变形成的小湖泊。黑门山山体是一块巨大的玄武岩，可能只有自圣经时代以来发生在这里的种种战斗和征服活动可以与其自然景观相媲美。这是因为就地理位置而言黑门山俯瞰戈兰高地，这使控制它的人具有明显的地理和战略优势。

以色列的地面卫星接收站处于天线塔、大量的电子监控和通信拦截设备下面，这是一个令人瞩目的电子监控堡垒，它在距离黑门山山顶 2/3 的地方直冲云霄。据说，天气晴朗的时候，在黑门山上可以肉眼看到叙利亚首都。黑门山的地理位置有利于以色列人接收、监控经过这个地区的各种电子信息，这类活动不仅是以色列情报预警系统的重要支柱，还聚集了一些喜欢在自己学科领域外发展的数学家、工程师、语言学家和分析学家。

事实上，早在 1973 年 10 月 6 日，也就是赎罪日战争的第一天，叙利亚军队对黑门山发动袭击，这大大暴露了黑门山对以色列情报搜集活动的重要性。在战斗开始的前几个小时，直升机将叙利亚突击队空运到黑门山，他们突袭 8200 部队在山上的掩体，杀了十几名士兵，之后又在山间哨所抓获了几十名值守士兵，后者作为战俘在叙利亚被关押了好几个月。叙利亚人通过这次袭击缴获了大量以色列军事情报设备，其中包括电子窃听设备，现在一整套军事密码都落到叙利亚人手里，他们可以通过公开渠道监听以色列空军的通信内容。[4]

然而，对许多人来说，叙利亚人夺取这个山顶情报基地所造成的更具破坏性的损失是他们抓获了 8200 部队的一名特殊成员，这个士兵恰好拥有百科全书式的记忆。他是真正的人形数据库，而在那个决定命运的日子，他是主动来到黑门山的监听站的。严刑逼供之下，叙利亚人从他那里拷问出一些有价值的信息。这次泄密不光影响到士兵本人，一些人认为，它对以色列安全的危害超过叙军在突袭中获得的密码和电子设备。[5]

虽然五天后，以色列人经过激烈战斗，重新夺回戈兰高地和黑门山，但这次战斗的影响持续了几十年之久。国防军在战后采取一系列措施，包括在黑门山设置士兵专属警戒线，它还从精锐特种部队中选出一些士兵组建了一支名为"阿尔卑斯登山者"（Alpinistim）的独立部队，让他们接受专门训练，以便在极端天气条件下，在黑门山崎岖的地势下保卫情报搜集设施。[6]

除黑门山外，以色列的战略要地都配备了由8200部队操控的电子监听站。从山顶的监听站到沙漠的陨石坑，以色列人在北部的加利利、南部的内盖夫沙漠以及戈兰高地等诸多地方设置了覆盖面广泛的地面站点监控系统。这些监听站配备了信号接收设备，以接收那些从敌方领土发出的语音通话和无线电信息。在漫无止境的情报搜集任务中，这些监听站源源不断地为以色列提供各种关键数据。

以色列在六日战争中的胜利极大地延长了这个国家的边界线，它占领了约旦河西岸地区、加沙地带、西奈半岛和戈兰高地。于是，军事情报局利用新的地缘政治纵深，将它的监控范围扩展到严格意义上说仍然处在战争状态的邻国。"边界"的延伸大大提高了窃听敌国的能力，因为现在的以色列人可以在更近的地方接收敌国的信号。他们沿着与约旦、埃及和叙利亚的"新边界"建造了一系列的秘密电子窃听站和预警站。1978年,埃以签订《戴维营协议》后,以色列士兵撤出西奈半岛,同时拆掉他们在这个地区的监听设备,但是并没有在其西部侧翼完全保持无线电静默。

内盖夫沙漠占据着以色列的大片国土面积,它覆盖了以色列南部将近3860平方英里的土地。这是一个由白垩状沙丘、尘土飞扬的平原和延伸到亚喀巴湾的干枯溪谷组成的三角地带。在广袤无垠的棕色旷野中,沿着崎岖的地势前行,人们会遇到一些看似不太和谐的农业定居点——以色列人的城镇和贝都因人的营地——仔细观察还会发现一些精密的监听仪器。比如,在西面靠近埃及边境的地方,有一个绑着白色气球的平台,这个平台被当作空中预警系统使用。有一次,气球挣脱系绳,开始向东漂移,进入约旦领空。为了避免外交麻烦,以色列空军不得不将其击落。在农田和看护羊群的牧羊人之间矗立着一些监控和窃听网络,它们像从天上采集甘露的双手一样在干燥的沙漠空气中一刻不停地采集数据。

为了搜集影像、截获信号和电子情报,以色列人使用各种方法辅助地面上的电子耳朵,同时填补各基站间的空白。和内盖夫的侦察气球一样,还有一个气球监视着以色列与黎巴嫩的北部边界。人们普遍认为,为了搜集邻国信息,在地球的大气层里,以色列至少放了一颗情报采集卫星。近距离飞行的是以色列有据可查的无人机编队,这些无人机会对以色列边境和巴勒斯坦领土进行精确的实时监控。比如,2003年10月20日,以色列空军的直升机在一分钟内向一辆银色标致汽车发射两枚导弹,他们的说法是汽车里有哈马斯武装分子,因为它去过加沙的努塞拉特（Nusseirat）难民营。据以色列国防军所说，这辆车的乘客试图向以色列输送自杀式炸弹，他们未获成功，正准备驱车逃离。巴勒斯坦人说，以色列空军故意往平民中间发射导弹，造成8人死亡，80人受伤，他们称这次袭击为"屠杀"。以色列国防军在24小时内公布了由无人机拍摄的录像，它记录了整个事件的过程，从而反驳了巴勒斯坦人的指控。录像显示，汽车两次被击中，而在导弹发射时，汽车周围的街道貌似空无一人。但是，录像的公开并未完全消除关于该事件的不同说法。[7]

综上所述，8200部队是一个巨大的电子信息搜集机构，它的系统无时无刻不在搜集来自地面基站和各个监听站的海量电子信息。这个部队由从事信号情报工作的人员，如捕捉通信发射信号和电子信号的工程师、数学家、科学家和密码分析家组成。他们会监听电话内容、接收传真和电子邮件、拦截无线电信号并整理加密消息，这些信息将被传送到位于以色列中部的情报机构，在那里，计算机和先进复杂的软件会对信息进行分类，扫描触发文字，破解加密信息，并由专门的分析师和语言学家对其价值进行评估。

在日常事务中，8200部队扮演着类似于英国政府通讯总部和美国国家安全局的角色。但与之不同的是，英国政府通讯总部和美国国家安全局属于政府文职机构，而8200部队属于以色列军事系统的一部分。另一个不同之处在于，虽然该部队是一个令人敬畏的区域玩家，但它不可能与美国覆盖全球的庞大网络，比如美国全球间谍网络埃施朗（Echelon）相提并论。埃施朗使人们对美国国家安全局不受限制的能力，对它拦截、分析美国与外国之间数十亿电子传输信息的能力产生诸多猜测。但是，8200部队凭借足智多谋来弥补它在资源和预算上的不足。此外，多年来，美国与以色列建立了密切的政治和情报互享关系。虽然这种关系不乏紧张和矛盾之处，但在利益重合的地方，它们会形成某种工作联盟。

例如，1999年，有消息披露，在长达三年的时间里，美国时不时地拦截伊拉克总统萨达姆·侯赛因精锐安全部队的加密无线电通信内容。《华盛顿邮报》报道说，1991年第一次海湾战争后，负责搜查伊拉克违禁武器的联合国武器核查团曾使用便携式全频率无线电扫描仪和数字记录器，捕捉到萨达姆精锐安全部队的编码通信。这些扫描仪是在联合国特别委员会前任核查员斯科特·里特（Scott Ritter）的要求下由以色列情报部门提供的。搜集到的信息会被传送到以色列、英国或位于马里兰州米德堡（Fort Meade）的美国国家安全局进行解码、翻译。[8]

据情报期刊《隐秘行动季刊》（CAQ）所说，20世纪80年代末，当美国宣布掌握伊朗参与一系列事件的证据时（包括恐袭泛美航空公司103号航班，导致飞机在苏格兰洛克比镇上空爆炸的证据），它为参与揭露这些事件的机构打开了进入此类电子联盟的大门。因为所谓的证据是从德黑兰与真主党的加密交流电报中获得的，而这些电报是从伊朗驻贝鲁特和伊朗驻大马士革使馆那里截获的。据《隐秘行动季刊》报道，正是8200部队窃取并破译了它们的加密通信内容。[9]

据报道，从伊朗内政部部长阿里·阿克巴尔·穆哈沙米普尔（Ali Akbar Mohtashamipour）发给伊朗驻贝鲁特使馆的电报中可以看出，穆哈沙米普尔与解放巴勒斯坦人民阵线总指挥部的通信被破解。为了破解密码，8200 部队必须拿到钥匙，而拿到钥匙只是某个大计划的一部分，在这个计划中，美国国家安全局篡改了瑞士克里普托（Crypto AG）公司制造的密码机器，而该公司曾向伊朗政府和几十个外国政府出售加密图形通信设备。所以，当编码信息被发送出去时（据说里面隐藏着一个随机的加密钥匙），这个工具（钥匙）可以让接收者破译信息。伊朗人最终意识到他们本该安全的通信渠道被攻破了。1992 年 3 月 18 日，伊朗政府在德黑兰逮捕克里普托公司驻伊朗销售代表汉斯·比勒（Hans Buehler），并将其单独监禁数月，克里普托公司否认这些指控，称这是"道听途说"或"纯属捏造"。[10]

十几年后，阿卜杜勒·卡迪尔汗博士（Dr. Abdul Qadeer Khan）在全国电视节目中承认，他负责将机密材料传递给伊朗等国家，很快他就获得巴基斯坦总统、陆军前将军佩尔韦兹·穆沙拉夫（Pervez Musharraf）颁布的赦免令。在围绕阿卜杜勒·卡迪尔汗博士的认罪风波中，仍然存在一些悬而未决的问题，其中最主要的问题是，被誉为巴基斯坦核弹之父的卡迪尔汗是如何独自转让这些核武器技术的。让公众比较惊讶的是，穆沙拉夫火速赦免卡迪尔汗，而布什政府迅速接受他对这一问题的解释。不久之后，以报道越南美莱村大屠杀事件出名的调查记者西摩·M. 赫什（Seymour M. Hersh）在《纽约客》（*The New Yorker*）上写道，"几年前，8200 部队在破译一个复杂的伊朗密码后，开始监听伊朗与巴基斯坦之间的通信，寻找伊朗研发核武器的信息。据报道，这些窃听内容暴露了两国之间的联系密切。据赫什所说，这些窃听内容的某些部分被传递给了美国"[11]。

* * *

利用、捕捉和分析电子信号是一门复杂的艺术。对外行人来说，捕捉电子信号就像用手舀水一样困难。8200部队的一名前任指挥官、退役准将埃利·巴尔说，这是一个非常复杂的过程，也是一个不断变化的过程。他解释说："这就像在一张大网中捕捉信号，而网孔的大小一直在发生变化。"了解信号和电子传输语言会在信息战中拥有至关重要的优势。比如，以色列人恰好在六日战争前破译埃及的军事密码，于是战争期间，他们用它来对付埃及人。情报中心的军官们给一名驾驶米格飞机前来袭击以色列的埃及飞行员下令，命令他把炸弹扔进海里。飞行员显然对这个奇怪的命令表示疑惑，他要求以色列人验证命令的真实性。于是，以色列人说出飞行员妻子和孩子的详细信息，飞行员信以为真，他扔掉炸弹，从战斗机中弹射出去，然后跳伞脱险。[12]

通过电话、手机、电子邮件、无线电、有线电视或卫星传递信息会产生大量可以迅速捕捉的信号，从而提供一些敏感又重要的信息。从敌人信号中探查的信息之所以重要，是因为它不同于从人类信息源那里搜集到的信息（人类信息源一旦暴露，就会被各种竞争性议题所掩盖，更不用说人为错误了）。信号情报人员直接从敌人或预定目标那里获取信息，即使内容难以理解，也可以通过对通信模式的分析挖掘出相当多的信息。8200部队在破解密码或破译隐藏其中的信息之前，必须先跟踪、捕获并记录这些信息。这就是部队成员的工作，同时，他们必须不断开发技术、找到解决问题的方法，这样他们才能具备继续从事这项工作的能力。

这个部队负责搜集近乎无限的信息流。总的来说，信息流有两种形式：公开的和加密的（包含隐藏信号和信息的信息流）。部队的一部分人负责监测公开来源的信息，例如，仔细审查加沙清真寺的布道内容，收听阿语电台和电视广播，阅读阿语报纸。该部队有许多精通阿拉伯语的语言学家，这一点也不奇怪。

但是，一些系统中有大量加密信息，而大部分信息并不容易被破解。巴尔将这项工作描述成一个复杂的、不断变化的拼图游戏。他解释说："一旦一个信号被破解，你就必须建立一个系统，将其全面地呈现出来，并具备阅读、理解信息并依照信息行事的能力——要确定什么是重要的、什么是不重要的，并把琐碎的信息汇总起来，将其拼成一个完整的链条。"

通信技术的进步推动了科技行业的发展，并为世界情报界成员指明了窥探敌人思想的新方向。技术的不断进步促使 8200 部队这样的群体在技术发展方面保持跃迁式发展。以色列军事情报局负责人阿哈龙·泽维·法卡什少将说："通信打开了技术发展的大门，这是信号情报的真正起源，它始于第一台收音机和电话机。所以，如果我们想要通过信号情报获取情报信息，信号情报就必须在技术创新方面发挥引领作用。为什么呢？因为如果有人想要获得监控无线电和电话系统的技术能力，我们就必须拥有比现有系统更先进的技术能力。"

所以，从广义上说，间谍总是使用最先进的技术。因为他们需要及时了解敌人的更多信息，这种长期需求往往推动先进技术的发展。其中，大部分技术后来应用到消费者的生活领域：无线通信、全球定位系统和数码摄影都源于搜集情报的需要。

在位于特拉维夫埃拉特街的以色列国防军博物馆的工程馆里，摆放着多年来以色列人为信息战设计或改造的一些通信系统的样本。众所周知，公开宣布拥有某种情报技术就意味着默认它已经过时。尽管如此，博物馆里展出的一小部分藏品仍然体现了以色列面向未来的技术飞跃。比如，里面有一大幅彩色照片，拍摄的是放置在米茨佩·拉蒙（Mitzpe Ramon）的对流层天线。米茨佩·拉蒙位于内盖夫沙漠腹地，海拔2952英尺，它在世界上最大的天然侵蚀谷地。1969~1982年，这些天线负责以色列中部与西奈半岛沙姆沙伊赫（Sharm al-Sheik）城镇间的通信联系。以色列人承认，早在1960年，他们的情报人员就开发出通信加密系统，之后不久，他们又开发出可以在野战梯队和总指挥部之间传输信息的加密移动语音通信系统。此外，还配备了可调节天线的防干扰扫频接收机以及在1956年第二次中东战争和1969年消耗战中使用的远程无线电通信系统。地面部队和空降兵会将设备扛在肩上，以使用这些系统。

在以色列，有两个不变的现实一直在发挥作用：有限的资源和无限的挑战。20世纪70年代初，8200部队中一位特别聪明的士兵设计了一种可以精确调整天线的方法，这种方法可以在没有电脑或GPS系统锁定目标的情况下精确调整天线的角度。他解释说："在使用天线对导弹、雷达之类的目标进行三角测量时，你需要校准天线的角度。你转动天线，直到它收到最大强度的信号。如果表盘显示偏北173度，那么你要把天线调到偏北173度。你试着定位信号，然后把表盘对准信号。"

他接着说：

> 问题是要知道发射机在哪里，信号是从哪个方向发出的。你要把它对准边境那边的敌人，它还必须与地平线的目标保持同一高度——不能高也不能低。比如，如果你所在的基地位于悬崖峭壁，那这可能是个难题。另外，你不想让操作员调整天线的角度，因为你不想让他或她有任何误差。这个角度必须是精确的，如果需要调到 173 度，那就调到 173 度，174 度或 172 度都不可以。此外，它必须在多个频率上校准，因为一些目标是在多个频率上活动的。

这个士兵发现，在没有 GPS 或电脑的情况下，可以利用太阳相当精确地手动调整天线角度。他意识到太阳发出的紫外线和频率是可以捕捉的，于是，他要求军队的绘图部门在部队的每个基地准备一个日常表格，用于记录太阳的正确角度。当太阳从东方升起时，部队成员用该表校准戈兰高地面向东方的天线；当太阳从西方落下时，他们用它来校准西奈沙漠面向西方的天线。

从利用太阳开始，随着时间的推移，该部队开发出许多复杂的、极具创造性的电子、通信、监控、拦截和信息系统，这些系统将情报和技术结合起来，从而改变战争结局。不断采用的新系统和新方法将提高以色列军队的作战能力，有时，这些复杂而强大的工具的性能将朝着不可预见的方向发展。

以移动电话为例，移动电话本身就能引发战争，在电信设施不可靠、固定电话供应商被官僚主义绑架的地区，移动电话拓展了无线通信的边界。在以色列，几乎人人都在使用手机，它已经成为一种电子通信工具，同时也是冲突双方都能灵活使用的武器。据《时代》杂志报道，1996年，以色列为建在山顶的犹太人定居点安装了价值400万美元的天线，目的是使其情报机构能够接收约旦河西岸所有巴勒斯坦人（当然还有以色列人）的手机来电。[13]

手机是我们这个时代普遍使用的通信工具，它源源不断地传递信息。安装在手机背面的用户识别模块卡或SIM卡里包含着用户的信息，它需要访问移动网络。移动网络服务则是利用手机和天线之间的无线电频率，当用户打开手机时，外加的天线和主天线就会收到无线电信号，从而推算出用户在某个特定区域的行踪。随着时间的推移，这些信息在追踪一个人的活动，并通过追踪手机来电探寻目标联系人的交往方面非常有用。

对巴勒斯坦武装分子来说，这不是什么新鲜事情。2003年6月初，哈马斯的创始人之一，暴躁易怒、戴着眼镜的内科医生阿卜杜勒·阿齐兹·兰提西（Abdel Aziz Rantisi）在开车经过加沙城时遭遇以色列直升机的导弹袭击，他侥幸逃过一劫。事后，他告诉黎巴嫩的一家报纸，他曾用手机安排了一次会面，这可能是以色列人能够锁定他的原因。兰提西用手机给朋友打电话，约他上午11时在阿尔-沙法（al-Shafa）医院见面。他告诉这家报纸，第一枚导弹就是在10时55分时击中他的汽车的。[14]

然而，兰提斯的死亡只是时间问题。2004年3月22日，以色列发动空袭，杀死哈马斯领导人谢赫·艾哈迈德·亚辛，此事过后，发誓向以色列复仇的兰提西成为哈马斯的领导人。但是，他并没有在这个位置上停留很久。一个月不到，即4月17日晚上，以色列武装直升机向他的座驾发射导弹，炸死了他、他的司机和一名保镖，事发地位于加沙的谢赫拉德万（Sheik Radwan），距离他的房子只有一个街区。就在袭击发生前几个小时，一名自杀式炸弹袭击者在加沙的埃雷兹（Erez）检查点炸死一名以色列边境警察，炸伤三名以色列平民。哈马斯和法塔赫都宣布对此次恐怖袭击活动负责。

可能最清楚不过的是，在2003年夏末，手机已经在这场旷日持久的巴以冲突中扮演着重要的角色。在8月的几个星期里，以色列国防军对哈马斯和伊斯兰圣战组织的将近12名领导人发动一系列导弹袭击，以报复此前发生在耶路撒冷、造成23人死亡的自杀式爆炸袭击。在哈马斯代理政治领袖伊斯梅尔·阿布·沙纳布（Ismail Abu Shanab）和其他四人遇袭身亡后不久，哈马斯领导人和武装分子转入地下，并指示其成员要加倍小心。他们说，他们遭到监控，还被打上死亡标记，他们建议这些被盯上的人要减少使用手机，或者完全关闭手机。[15]

激进分子则利用手机作为远程炸弹引爆器，他们给手机装上炸药，让它在铃声响起时爆炸。2001年7月，激进分子声称，他们在以色列的耶胡德镇放置了两枚汽车炸弹，这两枚炸弹都是用移动电话引爆的。一年后，也就是2002年9月，以色列安全部队在以色列北部城镇哈德拉附近截获一辆小型货车，挫败一场可能发生的大规模炸弹袭击。这辆卡车用1300磅炸药、两桶燃料和金属碎片做饵雷，附带一部引爆炸药的手机。

接着,在2004年3月,以色列国防军拦住一名11岁的巴勒斯坦男孩,据报道,有人给了这个孩子一大笔钱,让他背着一个背包通过哈瓦拉(Hawara)检查站进入以色列。很明显,男孩不知道他带的包里装着一枚重达10千克的炸弹。当以色列国防军拦住他时,他的联络人——据说是来自纳布卢斯的法塔赫坦兹姆(Tanzim)成员,试图用手机引爆炸弹。但是,一个技术故障阻止了一场潜在的悲剧,炸弹没有被引爆。[16]

据说以色列人已经开发出一种电子干扰技术,这种技术可以使手机等设备失灵,事实上,1998年成立的以色列网络通信技术(Netline Communications Technologies)公司就是开发商用移动电话干扰和探测技术的。据说,这个公司是由一群从以色列军事工业和国防工业退下来的通信专家和电子战专家创办的。

然而,20世纪与21世纪之交的许多事件证明,手机遥控的炸弹不单出现在巴以冲突当中。调查人员发现,西班牙、印度尼西亚和沙特阿拉伯都曾发生过由手机遥控炸弹的恐怖袭击。2003年,伊拉克战争爆发后出现的几起针对驻伊美军的伏击也是由手机引爆炸弹的。

随着远程遥控炸弹数量的增长,干扰技术的使用频率也在不断增加。据报道,美国已经测试并部署了自己的干扰技术,它通过关闭远程控制信号来关闭战区的移动电话通信,从而更好地保护它在伊拉克的军队。据说,正是干扰技术阻止了2003年12月14日针对巴基斯坦总统佩尔韦兹·穆沙拉夫的一次暗杀行动。[17]

＊　＊　＊

虽然以色列国防军有许多技术部队，但8200部队在电子战领域的影响力，在设计、使用精密复杂系统方面的能力是首屈一指的。以色列的特殊环境造就了一系列安全问题，这些问题与情报和间谍技术结合在一起，共同创造了一个巨大的创新熔炉。基布兹农场的人只占以色列人口的很小一部分，但是他们对塑造以色列的国民性格和民族精神产生了长久的影响。同样，8200部队代表着一种高度紧张的思维方式。正如它的一位前成员所说："我们拥有的那种务实创造力是世界上独一无二的。"

8200部队的出现是对以色列安全局势和地缘政治现实的技术回应。事实证明，信息时代的到来、电信革命的兴起刚好与该部队的一些士兵进入民用领域的时间同步。这些人是为信息技术而生，尽管他们是在军队的环境中成长起来的。世界在短时间内发生了重大变化，如数千万台电脑（其中许多是联网的）、数百万台传真机和数百万部手机可以接入主流互联网，人们越来越多地使用无线数据手机、笔记本电脑及个人电脑的Wi-Fi网络芯片，这些人在无线通信领域和加密发明（或者改进这些技术）领域的背景突然变得重要起来。

突然之间，通过光纤电缆、微波中继站和互联网传播的信息开始满世界泛滥，这带来了新的机遇和挑战。8200部队的核心需求之一是操控、处理它无时无刻不在搜集的大量数据，并弄清楚这些数据的意义。曾在该部队担任军官的某信息服务企业首席执行官（CEO）说："在关于该部队的消息传出前25年，它一直在默默做事。"20世纪90年代，随着为个人电脑提供高性能的微芯片的出现，以及互联网和电信业的出现，8200部队在情报工作中使用的许多程序和应用软件成为可以应用到民用领域的庞大资产。它有适用于民间的应用软件，因为现在的民众需要操控、处理并保护海量规模的信息。

创新集中出现在以色列国防军需求最大的地方。在通信领域和安全领域，创新尤为盛行，因为拥有保护和入侵安全系统的能力变得日趋重要。赫兹利亚跨学科研究中心计算机科学学院院长西蒙·舍肯解释说："以色列军队中有许多必须交流的部队。"比如，当互联网被设计出来时，几乎没有考虑到安全问题。正如舍肯所说："万维网把互联网带给每一个人。你可以购买并交流信息，它的弱点则暴露在可延展性和安全性上。"他接着说，"非常幸运的是，以色列军队开发的大部分技术都是相关的"。舍肯认为军队迫切需要增加带宽，军队在压缩算法方面也处于领先地位。这些都是为军事目的服务的，但是网络的出现立刻暴露了它们的弱点。军事系统的人说他们有解决方案。

现在，用于搜索恐怖分子联系人的软件可以让网购变得更加便捷，帮助窃听敌方目标的数字记录系统可以被用来改造华尔街陈旧的磁记录设备，而曾经用来预测萨达姆·侯赛因或亚西尔·阿拉法特行为模式的人工智能，现在可以作为推测消费者购物习惯和提高销量的模型。此外，保护机密信息和通信安全的技术可以用来保护互联网和传真信息，也可以用来保护计算机网络，防止外部入侵。

带着8200部队痕迹的多家公司在短时间内发展起来。不管这些公司是独立运营的，还是被美国或西方公司收购的，它们都有一个共同特点：它们找到了一个对市场、消费者或大公司具有吸引力的重要利基，而这个利基是创新的基础。从一个小样本可以一目了然。奥科（Audi Codes）公司被公认为全球语音压缩技术的领导者，而雅加达（Jacada）公司是系统集成和网络支持技术的主要生产商。PowerDsine 通过亚美亚（Avaya）、3Com、北电（Nortel）、西门子（Siemens）和爱立信（Ericsson）等巨头开发了在单一网络上将数据、语音和电流集成传输的技术。CTI2 则开发增强 IP 的信息和通信平台。敏讯（Teledata）公司发明了非常具有创新性的光纤网络技术，1998 年，它被 ADC 电信公司以两亿美元的价格收购。当然，这个名单还有很长。

第七章
天才部队

希伯来大学，耶路撒冷，大约在 1974 年……

全国上下一片震惊。1973 年 10 月的赎罪日战争对以色列来说是个可怕的打击，它把这个国家置于亡国的边缘。军事上的无敌膨胀感和一种以观念（Haconceptzia）著称的傲慢信念是造成这一切的根源，犹太人相信在遭受 1967 年的耻辱性打击之后，阿拉伯人会避免卷入一场他们无法打赢的全面战争。它没有想到，尽管阿拉伯人损失惨重，但他们依然可以重整旗鼓，联合发动一场目标明确的战争。坚持这一理论的以色列人未能正确评估成堆的情报，因为情报显示埃及和叙利亚正一步步地走向战争。没有及时预测战争，战争初期反应又相当迟缓，这导致以色列经过 18 天的艰苦战斗，才最终赢得战争的胜利。这是一次令人沮丧的胜利，2800 多名士兵阵亡，将近 9000 名士兵受伤。[1] 经济损失同样惨重，据估计，这场战争的经济损失高达 70 亿美元，相当于以色列一年的国民生产总值。[2] 另外，战争对以色列军政领导人来说是一记沉重的打击。灵活巧妙的思维曾使他们受益良多，现在这种思维已经僵化成盲目的自信，它将这个国家置于严重的危险之中。

战争结束后，以色列政府成立阿格拉纳特委员会（Agranat Commission），对战争爆发前相关机构在政治和军事上缺乏远见的行为进行调查。委员会发现，这种情况不是缺乏情报而是没有对情报进行正确评估造成的，完全没有领会情报的意义。对此，军事情报机构阿曼的将军艾利·泽拉（Eli Zeira）要负主要责任。战争结束后，多项变革开始实施，其中包括解雇泽拉。备受攻击的果尔达·梅厄总理也在1974年4月递交辞呈，据说她在距离战争爆发不到两周的时间里收到约旦国王侯赛因发出的即将发动战争的直接提醒。复盘期间，以色列这个前景不断发生变化的国家已经做好了接受更多变革的准备。

是时候采用新方法了，变革的呼声来自四面八方。以色列国防军参谋长拉斐尔·艾坦（Rafael Eitan）呼吁采用新方法提高军队战斗力。和当时以色列学术界、工业界的许多人一样，希伯来大学的三名教授（两名在化学系任职，一名是物理学教授）响应军队号召，立即采取行动。此前，教授们曾协助设计一个电子模拟系统，用于在坦克中训练士兵，而无须使用实弹。[3]现在这三个异常聪明的人想要用他们的智慧来扭转战局，拯救以色列公民和士兵的生命。他们听说法国有一个选拔人才的项目，专门培养年轻人从事军事研发工作。教授们受到启发，认为这可能适用于以色列。当然，这将颠覆以色列国防军最深厚的传统：一种普遍持有的观念，即以色列国防军是全体国民的军队，是国家集体属性的强烈反映，是维护社会平等的最强大的力量。

在教授们的倡议下，以色列国防军精心挑选出最聪明、最有能力的年轻人。他们没有把这些人放到新兵队伍里进行筛选、安置，这些人从一开始就是独立的，是与其他人不平等的。他们被归入天才行列，被挑选出来执行特殊任务。这些人依靠的不是蛮力，而是计谋和智慧。他们要智取对手，而不是在武力上压制对手。就像在商界一样，单纯依靠蛮力竞争很难占领市场，一个人必须在策略上、在用人上超过对手才能最终取胜。这种理念的核心将在两个层面上发挥作用。从广义层面上讲，它为培养人才、培养以色列未来领导人打下基础。从具体、实际的层面上讲，它将塑造致力于开发新式武器系统的核心士兵。这些人有着伟大的贡献和使命：这就是改变技术战的格局。虽然塔尔皮奥特（Talpiot）的运营独立于8200部队（一些塔尔皮奥特毕业生可能会在8200部队服役），但它和8200部队都代表着以色列国防军的一种重要机制，它们都将利用这种机制寻找具有实际创新能力，并能在先进的武器和情报系统中运用这种能力的人。

多年来，以色列国防军有一个名为"学术储备军"的项目，它允许一些准备入伍的优秀学生推迟入伍，以便他们拿到科学、工程学和数学等不同学科的学位。在完成学业后，他们将被派到军队最需要的地方，代价是在3年义务兵役期后多服几年兵役。希伯来大学的教授们想要颠覆这种做法：他们的想法是确定、找到在高中排名前1%~5%的学生，与其把这些天才送进大学，让他们在大学毕业后填补军队的某个空缺，不如一开始就把他们送到军队，让他们在军队中找到自己的位置。他们保持着士兵的独特身份，将结合快捷教学计划接受各种学科的定制教学，他们会获得数学和物理学学士学位（有些还将获得硕士和博士学位），同时接受军队的特殊训练。完成这一切后，他们将成为发明新技术和新武器系统的军官。

1975年，教授们把他们的建议提交到参谋长办公室。于是，一个由军队、首席科学家办公室、工业和军事研发领域专家组成的小型智库出现了，目的是提出一个可能使该想法变成可行性现实的成熟概念。智库成立两年后开始与哈诺赫·扎迪克（Hanoch Zadik）接触，哈诺赫·扎迪克是一个在空军部队工作，在组织层面上具有经济统计学和人力开发背景的平民。当受邀加入解决该问题的团队时，他正在以色列空军学院（Israel Air Force Academy）做关于创造性思维的讲座。这个项目被称为"塔尔皮奥特"，是以圣经中的希伯来词汇命名的，意思是"建造一个强大的、坚不可摧的、令人印象深刻的东西"。在一年半的时间里，这个由12人组成的委员会每月召开一次会议，讨论塔尔皮奥特项目。他们制定目标，详细说明执行会议精神的可能性，这些会议最终发展成以色列国防军精英顶级的智力峰会。

但是，对依靠创新思维生存的军队来说，这种观念是有些激进的。哈诺赫·扎迪克回忆说："有很多人表示反对，认为这是在浪费钱财。"当时，在社会层面上，人们正围绕缩小贫富差距展开全国性讨论。哈诺赫·扎迪克继续说："当时的理念是人人享受平等的教育。"这根植于以色列浓厚的社会主义传统，没有人提过要把优秀的男孩、女孩带走，让他们加快学习，为国效力。此外，还有其他方面的担忧。他解释说："人们害怕，我们把这些聪明孩子带走的话会比较危险。可能会出现军政府。另外，把人带走，把他们同其他人分开，然后对他们说'你们是最棒的',这种做法违背以色列基本的文化价值观。如果你用这种方式把最优秀的人送到军队的话,可能会出现政变的危险。虽然我很确定他们不会这样做。"

但是,以色列从不缺乏足智多谋的军事领导人,他们愿意在危险的边缘实现巨大的思维飞跃,以色列国防军参谋长拉斐尔·艾坦就是这样的人。20世纪70年代末,拉斐尔·艾坦推出一项教育计划,它将贫困家庭的孩子(许多生活在社会底层)挑选出来,确保他们接受教育,尤其是基础教育。这个计划使这些孩子的未来充满希望,因为它没有放任他们被边缘化。塔尔皮奥特则是另一个极端,它将才智超群的人挑走,用巨大的教育和制度红利增加学生手中业已不错的机会。1979年,拉斐尔·艾坦迈出这一步,他批准成立塔尔皮奥特,尽管一开始他只给了塔尔皮奥特一年的时间。他让哈诺赫·扎迪克和丹·沙伦(Dan Sharon)博士(创新学博士)寻找负责该项目的人,然而,这两个人对塔尔皮奥特的热情度如此之高,以至于他们决定亲自负责这个项目。为了主持这个项目,他们在服完兵役十几年后再次应征入伍。哈诺赫·扎迪克说:"我和妻子有两个孩子,她无法相信我会走出这一步,这真的很疯狂。"在项目开始的前7年(直到1986年),哈诺赫·扎迪克担任塔尔皮奥特的副指挥官和首席培训师。大约20年后,他成为特拉维夫大学高科技管理学院(High-Tech Management School)的一名管理学教师。

从两方面讲,这个项目是十分艰巨的:一个由天才组成的部队几乎是前所未有的;军队几乎没有什么可参考的依据。对于大部分新兵来说,他们刚从高中毕业,更没有什么可参考的依据。而加入这个领域的好处是，他们要面临长达 8 年的兵役——比普通兵役期多出 5 年（后来延长至 9 年）。第一个塔尔皮奥特班级从 1000 名候选人（高中毕业生）中挑出 26 名，只有 20 人坚持到最后，他们都是男生。第二年，塔尔皮奥特班级选出 30 名学员，只有 20 人顺利毕业。第三年，最开始的时候塔尔皮奥特班级有 28 名学员，结业时只剩 20 名。20 世纪 80 年代中期，塔尔皮奥特开始招收女性学员。

筛选和录取的过程一直是适者生存的智力竞争。每年，学校校长和科学课教师会把成千上万个名字报给以色列国防军，供塔尔皮奥特负责人挑选。到 9 月的时候，这个候选群体的数量会减少到大约 5000 人，他们将在大约六个月的时间里接受严格的筛选。很快，这个数字将减少到 1000 人，然后在笔试结束后减少到 180 人，60 人会在面试环节被淘汰。测试阶段结束时，只有 50 名候选人能拿到录取通知，而在这群人中，只有 35~40 人能够完成整个项目，顺利毕业。[4]

除了显著的例外（如极端正统派犹太人和阿拉伯人），几乎所有以色列男女都要应征入伍，在军队服役。虽然近年来，因为各种原因，服役人数有所下降，但基本原则没变，这意味着军队掌握着全国几乎所有的高中生源，它可以对这些学生进行严格的审查、筛选。多年来，以色列国防军拥有自己的征兵方法和渠道，它可以挑选最优秀的新兵，引导他们进入最精锐、最具挑战性的部队。在以色列，与其他部队和军事部门相比，情报部门可以优先挑选应征士兵。

塔尔皮奥特是独一无二的，它可以挑走前 1% 学生中的前 1%。毫无疑问，这是以色列国防军精英项目中最值得夸耀的，它展示了以色列军事系统是如何在许多方面发挥筛选功能的，就像美国学术界那样。同时，它也赋予其毕业生无与伦比的资历，这有点类似常春藤联盟和麻省理工、斯坦福之类的大学，它们吸引着美国顶尖的高中生。正如西蒙·舍肯教授解释的那样："在美国，最优秀、最聪明的人进了学术界。在以色列，最顶尖的人才进了军队。"

然而，就塔尔皮奥特而言，应征者无须申请——他们是被选中的。尤瓦尔·沙洛姆（Yuval Shalom）是在1984年被征召的，当时17岁了，他回忆说："我收到一封信，信上说让我来耶路撒冷接受测试。通常没有人相信自己会被录取。塔尔皮奥特在以色列声望很高，没有人觉得自己足够优秀。这不是你可以做准备的事情。"在接受塔尔皮奥特邀请十几年后，尤瓦尔·沙洛姆与他人一起创建无线技术公司智慧波段通信（Wiseband Communications），该公司的其中一项业务就是为第2.5代和第3代移动网络开发数字信号处理放大器。

一旦被塔尔皮奥特选中，候选人必须通过一系列让人精疲力竭的测试来证明自己。该项目其中一项测试是与希伯来大学的一名数学教授共同开发的，它要求候选人在半小时内使用文字和符号创造一门新的语言。还有其他一系列问题——这更像是在猜谜语（例如问你"一杯咖啡多久会变凉？"）。设计这些问题不是为了寻找答案，而是为了分析候选人会如何解决问题，这是一种异常挑剔的选择，旨在将真正的天才同特别有天赋的人区分开来。到最后，只有1%的人能够入选。对候选人来说，唯一一个不利的减分因素就是他或她在紧急、高压氛围中的表现能力。外部因素不会影响到挑选过程，塔尔皮奥特更看重的是质量而不是数量，所以没有需要完成的名额。如果一个人在某个方面不适合，他或她的训练就会终止。

阿维·破雷格（Avi Poleg）中校是塔尔皮奥特毕业生，也是以色列国防军技术人力部的项目主管，他说整个测试看重的不是最终目标，而是实现目标的过程。他解释说："主要有两种测试方式，且一直在改进当中。第一种是笔试，测试考生在数学、物理方面的综合能力和思维能力。第二种是看考生如何寻找解决方案，他们不一定找到正确的解决方案，但他们要对这个领域感兴趣，他们要对这些事物充满好奇，这个比较重要。我们选择知道如何思考的人。这里有几十个标准，候选人要具备基本的数学和物理知识，具备领导潜质，同时善于从事团队工作。他们必须掌握各个领域的入门知识，我们知道，不是所有人都能做到最好，但他们至少要在一个领域胜出，在其他领域达到入门标准。我们同时对6~8人进行心理测试，让他们坐在一起，给他们分配任务，以观察他们的社交和团队合作能力，比如让一个人占主导？看他或她有好的想法时能否说服团队成员采纳他的想法？"

以色列国防军表示，很难用常规定量、定性的方法——比如毕业生人数，来评估塔尔皮奥特的成功程度。但是，该项目自创立以来已经存在了20多年，以色列国防军每年给它拨款100万美元（它是受以色列空军管辖），这本身能够说明问题。[5]正如阿维·破雷格中校所说："进塔尔皮奥特以后不愁找工作，每个毕业生都有五个单位可以选择。"

塔尔皮奥特就像军队中的门萨协会。塔尔皮奥特士兵一开始在希伯来大学服兵役，他们没有和学生主要群体一起居住，而是住在耶路撒冷吉瓦特拉姆（Givat Ram）校区专门为他们建造的营房里。在进行项目的学术部分时，他们要攻读物理学、数学和计算机科学学士学位，要加速学习技术课程，而他们的学习材料比普通本科学生多出近40%。这些士兵还要接受军事战略训练，并完成军官培训课程。研发部代理主管雅科夫·纳格尔（Yaacov Nagel）上校说："我们希望他们所有人都能成为军官，如果三年后他们没能通过军官课程，他们就不能从塔尔皮奥特毕业。上个班中有一位士兵差点毕不了业。如果三年后我们有一名学生未毕业，那将是非常可耻的。但是，到现在为止，他们全都当上了军官。"

夏天，他们要进行为期12周的基础训练。这个训练项目和空降兵训练项目一样严格，他们要在沙漠中训练，背着10~20千克的物品和步枪徒步，还要学习从飞机上跳伞。哈诺赫·扎迪克解释说："我们让他们和空降兵一样接受艰苦的训练，因为我们想要他们和空降兵一样坚强勇敢。"

塔尔皮奥特士兵在情报部队、海军和空军中轮转，选修特殊课程。他们需要了解武器系统的内部结构。于是，他们坐在战斗机的驾驶舱里发射武器，以真正了解其操作和技术要求。哈诺赫·扎迪克解释说："这不仅仅是理论学习，他们知道寒冷的夜晚在内盖夫沙漠的坦克里待一个月意味着什么。"第二年，他们可以自行设计一个为期三个月的项目。毕竟，阿维·破雷格中校重申说："塔尔皮奥特的目标是培养下一代研发人才。"项目最后六年分为两个阶段，两年深入野战部队，四年担任研发军官。

塔尔皮奥特背后的理念是打造一个拥有极高智商且执行能

力极强的独特群体，并为这个群体提供独特的成长环境。塔尔皮奥特成员要学习军事战略、科学、计算机、数学、物理等多学科的知识，并接受诺贝尔经济学奖获得者等国家精英的指导。他们确定研究领域、参与基地和实验室的顶级安全系统构建工作。塔尔皮奥特的指挥官巴拉克·本-伊利扎尔（Barak Ben-Eliezar）少校说："他们有很多绝妙的主意。他们中大部分人都很有想法，但不仅仅是想法——他们会带来变革。"

虽然近年来一些批评性论断开始浮出水面，如以色列占领巴勒斯坦领土有损国防军形象及其作为"国民军队"的一贯特征，但不可否认的是，军队继续在以色列生活中发挥着关键且核心的作用。军队的影响是持久的，既有明显的一面，又有隐藏的一面。从放大、提炼冒险精神、创造力、独创性等国民性格特征，到教授一代代思想家解决问题的技能，再到打造技术创新的中坚力量，一个完整的世界级产业链已经围绕军队建立起来。

拉斐尔·艾坦的一年期限指令已经延长了将近25年。到2003年，大约21个班级的440多名士兵从塔里皮奥特毕业。近年来，以色列国防军发展了塔尔皮奥特倡议，制订了类似的计划。虽然塔尔皮奥特仍然处在巅峰时期，但它的一些衍生项目已经出现，包括专注于物理和电子的皮斯哥特（P'sgot）和阿提蒂姆（Atidim），后者在全国各地贫困的或被忽视的学校和社区招募具有强大潜力的新兵，这些士兵虽然尚未深入了解科学和工程学知识，但在这些方面很有天赋。

只有少数塔尔皮奥特士兵最终成为职业军事家。其中包括2名上校、14名中校和1名准将（截至2003年）。纳格尔上校说："我希望有更多的准将或飞行中队指挥官出自塔尔皮奥特。"塔尔皮奥特是通向成功的重要途径，服役那些年里，新兵们密切参与军队和国防领域一些重要系统的构建。虽然他们的成就和贡献在大部分情况下不会被公开，但可以从以色列的无人机项目、箭式反弹道导弹系统和一些通信、无线电技术及武器系统中看到他们的身影。

进入民用领域后，塔尔皮奥特毕业生做出了同样重要的贡献。许多人在商业领域从事技术研发工作，以色列高科技行业有许多塔尔皮奥特毕业生。捷邦（Check Point）安全软件科技有限公司（以下简称"捷邦"）的联合创始人之一马里乌斯·纳赫特（Marius Nacht）就是塔尔皮奥特毕业生，该公司以虚拟形式为商业互联网创建安全防火墙。同样出自塔尔皮奥特的还有乔纳森·西尔弗伯格（Jonathan Silverberg），他把自己在以色列空军开发定位系统的经验带到移动交通信息公司——德赛尔科技（Decell Technologies）公司。丹·查拉什（Dan Charash）从塔尔皮奥特毕业后，在国防部和以色列国防军的精英部队开发处理数字信号的电信应用程序，后来又与人合伙创办生产固定无线宽带芯片系统的公司Provigent。

最能体现塔尔皮奥特影响力的公司是Compugen，这个公司率先将计算机科学和工程学应用到生物技术、药理学和医学领域，以开发有技术支持的基因组挖掘数据（data mining），发现新的药物和诊疗工具。1993年，三位塔尔皮奥特毕业生伊莱·明茨（Eli Mintz）、西姆空·法格勒（Simchon Faigler）和阿米尔·纳坦（Amir Natan）创立Compugen公司，公司的创立得到首席科学家办公室建在内盖夫斯代博克（Sde Boker）

地区的一个孵化基地的资助。两年前,身为数学家和物理学家的伊莱·明茨在法国欧洲工商管理学院(INSEAD)攻读MBA,他的妻子利亚特(Liat)是一名分子生物学家,正在世界名校巴斯德研究所(Pasteur Institute)攻读博士学位。她碰巧跟丈夫发牢骚,她和她的同事正在为海量的数据头疼,因为这超出任何计算机的处理能力。

那是在生物信息出现的早期,实验室开始产出大量的信息。1990年,美国政府发起了雄心勃勃的人类基因组计划(Human Genome Project):这是一项庞大的国际工程,旨在识别DNA中的3万个基因,确定构成DNA的30亿对化学碱基对,由此解开基因之谜。在塔尔皮奥特服役期间,伊莱·明茨曾为以色列航空工业公司开发算法、信号处理软件和硬件。伊莱·明茨认为可以将自己的经验应用到处理基因组研究热潮创造的庞大数据上,于是邀请他在塔尔皮奥特的朋友西姆空·法格勒和阿米尔·纳坦与他一起研究。

Compugen公司用了8个月的时间研发出它的第一个产品:生物加速器(Bioccelerator),这是一个识别基因组和蛋白质序列中类似特征的计算机系统,其速度比当时使用的硬件或软件产品快1000倍。一年后,这个产品被卖给制药巨头默克公司(Merck & Co.),并迅速成为行业标准。1998年,美国专利商标局开始用生物加速器来查验提交上来的DNA序列专利申请。

推出生物加速器后,Compugen公司很快又开发了LEADS平台,这是一个数据挖掘和搜索引擎,用来分析基因组和蛋白质数据,以预测它们的生物功能,发现能够治疗它们的药物。此后不久,这个从沙漠孵化基地搬到特拉维夫总部的公司开始公布其与诺华（Novartis）、辉瑞（Pfizer）等大型跨国公司的合作项目。2001年，Compugen公司与摩托罗拉公司联合开发、生产DNA生物芯片：这是一种涂有数千条DNA片段的玻片，它能够更好地诊断特殊疾病，并协助医生精确地开药方。

当然，Compugen公司的产品本身具有突破性，它利用计算机科学和数学知识创造出关于生物学的新信息，并且从根本上改变了生命科学的研究方法。它之所以能做到这一点，在很大程度上归功于塔尔皮奥特。在Compugen公司的研发人员中，大约10%是塔尔皮奥特毕业生（也有相当数量的员工是来自8200部队的老兵）。毕业于塔尔皮奥特的莫尔·阿米塔伊（Mor Amitai）在1997年成为Compugen公司的首席执行官，他解释说："最重要的创新是运用多学科的思维方式，这并不容易。你不能简单地把一些人关到一个房间里，让他们在不同的学科领域通力合作，每个人都觉得自己的学科更胜一筹。在军队中，我们不能兼任科学家，但是我们可以和不同行业的人一起做研发工作。让物理工程师和计算机科学家做军事情报工作同样是个挑战。"

1983年，当时还在上高中、经常参加数学奥林匹克竞赛的莫尔·阿米塔伊收到塔尔皮奥特的来信，邀请他到耶路撒冷参加考试。他在塔尔皮奥特服役期间获得数学和物理学学士学位以及数学硕士学位，服役结束后他又拿到数学博士学位。瘦高结实、热情认真的莫尔·阿米塔伊专注于为以色列国防军开发算法和通信系统。作为一名数字信号处理工程师，他在退伍后开始为通信系统公司康维科技（Comverse Technology）工作（这是另外一家据说拥有许多前8200部队士兵基因的以色列公司)。他在这里开发了语音识别技术,这期间,他的室友是Compugen公司的联合创始人西姆空·法格勒,此时他正在斯代博克的初创企业孵化基地发展Compugen公司。"他会消失在内盖夫沙漠,"莫尔·阿米塔伊回忆说。两人讨论Compugen公司的发展问题,有时,当Compugen公司团队遇到瓶颈时,西姆空·法格勒会把问题推给莫尔·阿米塔伊。莫尔·阿米塔伊见过伊莱·明茨和阿米尔·纳坦,不久之后,他开始做Compugen公司的顾问,把部分时间花在这个羽翼未丰的初创公司上。1994年,他全职加入这个公司,担任公司的首席科学家和研究组负责人。他领导的团队开发了LEADS平台的核心技术。

Compugen公司继承了塔尔皮奥特的很多东西。Compugen公司的一个特点,同时也是以色列国防军的一个特点:让年轻人面对巨大的挑战。莫尔·阿米塔伊摇着头说:"回过头来看,这很不合常理。在21岁拿到计算机科学或数学学士学位后,你被要求解决武器系统或通信系统的难题,通常情况下,这些难题是由工作20年的人(来解决的)。还有一些事要我这个几乎没有任何经验的人去做。如果我像现在这样成熟,我可能就放弃了。"莫尔·阿米塔伊说,当他在塔尔皮奥特的时候,他被交付了自己觉得无法胜任的任务。他怀着敬畏的心回忆说:"民众指望我们,我们决定着民众的生死。"

莫尔·阿米塔伊解释说:"在Compugen公司,我们要做的是挑战别人,有时还要挑战自己,去做不可能或不太可能的事情。成功并不意味着从未失败过。从某种意义上说,我们必须失败,我们的策略是应对高风险的艰巨挑战,如果一直成功,那么这种挑战就不是高风险的。在应对这类研发难题时,我认为可以直接借用军队的经验。"

从大的方面看,塔尔皮奥特是一个以马赫速度运转的思维和行为方式的储藏库,它已经外溢到以色列的工业和社会领域。莫尔·阿米塔伊说:"以色列工业继承了它的许多东西。在这里,我知道没有什么是不可能的。可能在数学领域还有一些未解之谜,但在生活中你永远不知道会发生什么(Maybe it is in math, but in life you never know)。"

比如,在美国,与塔尔皮奥特毕业生相对应的是那种在传统环境中长大、最终进入学术界的人。在以色列,虽然没有进行科学估算,但只有一小部分塔尔皮奥特毕业生最终选择在大学工作,许多人选择继续研发技术。莫尔·阿米塔伊说:"一些人学习计算机科学或数学,并获得博士学位。如果他们有天赋,进入大学工作是自然而然的选择,但对我们来说并非如此。对我们来说,这条自然轨迹被打破了。在塔尔皮奥特,很多人知道他们有多种选择。"莫尔·阿米塔伊将斯坦福大学一名有天赋的物理学博士毕业生同塔尔皮奥特毕业生做对比。"我问他这一生能做什么,除了成为一名教授外,(可能)不会有其他答案。我们在军队里做了五年的研发工作,这个项目让人们思考其他选择。我们做了非常有意思的研发工作,(比如)开发算法或开发通信系统的某些部分。"他继续说:"做实事且能看到成果,不是纸上的成果或发明,而是看到一个机器或系统为许多人所用,这样的工作令人上瘾。当你知道你能做到这一点时,你就不想放弃创造性的、物质的东西——即有形的东西。"

塔尔皮奥特在以色列军事系统中的运作方式类似于美国新泽西州的贝尔实验室（Bell Labs）或专注于研究的学术机构，抑或美国国防部高级研究计划局（DARPA）。它的招募过程可以与哈佛大学、麻省理工学院甚至微软公司的筛选录取程序相比，甚至更加苛刻。塔尔皮奥特鼓励人们大胆地进入新的探索领域，但是，与美国商界、学术界抑或国防领域的众多备受尊敬的伙伴不同，塔尔皮奥特没有时间进行理论研究，它要解决的问题在不断发生变化，所以它必须以极快的速度解决问题。此外，塔尔皮奥特让一些（到目前为止）不知深浅的年轻人来承担责任，它通过这种方式为未来一代又一代创新者提供了打开创新大门的钥匙。

第八章
士兵故事

西奈沙漠，20世纪60年代末……

1968年前后的某个时间，一名8200部队的工程师坐在西奈半岛某地的一个帐篷里。西奈半岛是以色列与埃及之间的一片三角形沙漠，当时被以色列占领，而这个工程师的任务是：捕捉信号。戴着耳麦的他突然听到一些奇怪的、令人不安的声音：一种突如其来的、不熟悉的响亮节拍。先是连续5个脉冲，间隔时间相等，接着是两倍间隔时间，然后频率重复上上下下，变得越来越强。工程师感到不安，他摘下耳麦，走出帐篷。他眺望沙漠远处的地平线，看见一阵沙尘席卷而来。很快，一辆汽车从被扬起的沙尘中显现，两名以色列士兵从车上走了下来。他们走到工程师面前，对他说他们需要一名机修工。工程师让他们马上离开，毕竟这个地方是保密的。而士兵则回答说，他们没有办法了，因为他们的行军遇到困难：他们原本要去西奈半岛西北部的吉格法（Bir al Gifgafah），但他们车辆的发动机出了问题，水箱热得快要沸腾了。

眼下既没有修车厂，也没有机修工，只有一个值班的工程师。工程师对他们的困境非常同情,他大致检查了一下车的状况,指示士兵打开引擎盖。他表示,如果能连上里面的一个插头,他们就可以顺利离开。于是,士兵打开引擎盖,发现里面确实有个插头松动了。士兵觉得这个人就像一名魔术师,而实际上他所做的只是正确评估形势——虽然这不是他的主要才能。虽然8200部队的这名士兵没有当过机修工,但他能够很快地发现问题。当他查看车辆时,他发现这是一辆六缸汽车,回想他在耳麦中只听到五次脉冲,他很快推断出是其中一个气缸出了问题。

这是由8200部队的一名退伍士兵讲述的关于西奈沙漠一位无名士兵的故事,他用最朴实的语言描述了一个典型的案例,而该案例展示了8200部队的文化特征:独特的、具有创造性的思维方式,接触各个学科领域,以及超越常规技能、快速发现问题并解决问题的能力。

事业的成功取决于工作人员的素质。顶尖公司,尤其是那些崇尚创新的顶尖公司,不断在世界各地招聘、网罗人才。他们寻找那些可能预示成功的标识性东西,如专业或学术成绩,或曾经获得的某种经验。他们会寻找自己想要的智力和熟练度方面的佼佼者,同时他们也看重学历,比如知名大学的文凭。

然而,像以色列国防军这样的组织看重的是它未来的战略优势。每年,像8200这样的精英部队会对刚刚毕业的高中生进行一系列素质测评。有些特征是可以马上确定的,比如数学和科学方面的硬核能力,有些则不容易被量化,比如创造力、领导力、灵活性、推理能力和团队合作能力,在这方面没有太多的历史记录。所以，招聘人员必须把赌注押在这些未经雕琢的璞玉上。在关键时刻（比如，坐在沙漠的帐篷里，在资源有限、时间紧迫的情况下开发一个尚不存在的系统，或者整理对决策者有用的信息），这些人不仅要完成任务，还要出类拔萃。

光聪明是不够的，这些士兵必须具有某种类型的才能：要有创造力、创新精神且明智务实，他们将被赋予重任。除了其中一些人外，所有人都要服5年兵役——这是改变人生的5年，是将愿景转变为想法，将想法转变为创新性解决方案的5年。需要现在解决的问题不会等到将来。技术部门的人可能看出6个或更多个系统的生命周期，分析部门的人利用同事开发的系统搜集信息，从信息中找到线索，搜集原始数据，推测意图模式，进而作出评估——这都是攸关性命的事情。

8200部队的存在标志着以色列国防军有能力从17岁的人口中筛选人才，发掘他们的内在天赋。不过话说回来，它只接收潜在兵员中排名前1%的人。以色列国防军从最聪明的人开始，特别注意考察他们中最具创造力的人。在描述该部队的典型新兵时，8200部队的一名前任指挥官、退役准将埃利·巴尔表示，他们身上有着某种特殊的平衡："他们同时具备开发算法和写诗的能力。"

这要从挑选过程说起。实际上，士兵们与其说是被征募来的，不如说是从全国各地的高中和技术学院挑选出来的。J.J.说："他们不会申请加入8200部队——我们会给他们寄邀请函。"现在的J.J是一名心理学家，20世纪80年代，他在8200部队担任了4年军官。作为预备役军人，他负责招募新兵。他说，他自己被 8200 部队招募是因为他"在耶路撒冷最好的高中读书，学习最高阶的阿拉伯语。我想从事情报工作，想确保他们不会忽略我。"

该部队成立初期，选拔士兵主要靠一个松散的、非正式的推荐系统，这个系统最终演变成一个完善的筛选和招募机制。很多塞法迪犹太人有着明显的语言优势，比如精通阿拉伯语，因为他们的家人是从阿拉伯国家过来的，他们可以像听母语一样听懂阿拉伯语。但是，到 20 世纪 60 年代，8200 部队的重点开始转向队伍建设方面。有一种说法是，这个部队有一个非常有影响的指挥官，一个名叫"什洛莫"（Shlomo）的人，他说服当时的以色列参谋长——同样有影响的大卫·埃拉扎尔，允许 8200 部队招募高智商的人，并争取更多的资源。[1] 这可能是一个不仅影响到部队未来，还影响到整个国家的转折点。8200 部队的重要性不断提升，它还吸收了最聪明、最优秀的人。经过部队培养，这些人不仅在高科技行业，还在学术、文学和法律领域占据领导地位。

20 世纪 70 年代末，本地网络（Native Networks）公司的联合创始人吉拉德·戈伦（Gilad Goren）在高中毕业两年后被征入 8200 部队。参军前，他在特拉维夫大学的一个附属工程学院读书。吉拉德·戈伦回忆说：

> 我有个大学时期的朋友，他的女朋友后来为摩萨德工作，而他女朋友的哥哥服役于 8200 部队。他女朋友的哥哥把我和我朋友的情况告诉 8200 部队，于是，该部队的人约见我们。那时的我大约 19 岁，而他们在用常规方式

寻找有天赋的人——让某个人推荐你，这种方式非常不正规。我记得第一次会面是在大学食堂，会面时间持续一个小时。当时正值哈努卡节，其中一名军官在吃果酱甜甜圈，而他的制服上撒满了面包屑。接着，他们测试我的数学、英语和心理素质——这花了将近6个小时。他们没有告诉我这个部队是做什么的，或者我将在情报部门工作，只告诉我，我将成为一名工程师。

莱尼，一名通信网络公司的首席执行官，在特拉维夫大学拿到电子学学士学位后被吸纳到8200部队，他属于学术储备人员。他解释说："我参加了一个大约45分钟的面试。他们想见识你的创造能力，他们会问一些没有正确或错误答案的问题，看的是你回答问题的方式。对于你学过且有所了解的问题，这没什么特别的，关键看你如何运用所学知识。"他最终在这个部队待了9年。

这个部队的矛盾之处在于，对于那些正被挑选的人，很少有人告诉他们加入以后将做些什么，以及他们将被招募到哪支部队。20世纪80年代末被征入8200部队的阿姆农（Amnon）说："我不知道我是如何被招募的。"但是，考虑到他高中的成绩，不难看出他是如何引人注意的。他是学生会主席，在童子军中非常活跃，还是排球队队长。他的天赋体现在语言能力上，他会说希伯来语、葡萄牙语、英语、法语和意大利语——他还在8200部队学习了阿拉伯语。"当我加入这个部队时，除了知道它是一个情报部队外，其他事情我一无所知。我同一名老兵交谈，他除了提到间谍、密码学和詹姆斯·邦德外，什么都没说。我很信任他，因为我只有17岁，我对他说：'听着，我去的这个地方好吗？'他说，'包你满意，这个部队会让你发生翻天覆地的变化'。"

近年来，8200部队把大量的时间和资源放到发掘、培训新兵上。军队征兵人员会在全国人才库中挑选士兵。一个曾在8200部队服役20多年的军官迈克尔（Michael）描述说，目前的遴选过程类似于"NBA球探考察高中生和大学生"。他目前在一家专做搜索引擎的软件公司工作，是该公司的首席执行官。1972~1976年，迈克尔在西奈沙漠从事军事情报工作。之后，8200部队把他送到大学学习，他在巴伊兰大学获得数学学士和计算机科学硕士学位。他说："我不是通过技术门槛加入的。""在获得学士学位后，我又被派到8200部队，之后在硅谷工作三年，参与美国和以色列的一个联合情报项目。我不是因为技术原因被招募进来的，他们想要聪明人，加上我在军队挑选中心表达了强烈的参军意愿。我说我想从事情报工作。"他在8200部队服役了22年。

近年来，8200部队的退伍军人作为定义新技术类别的成功企业家在民用领域大放异彩，他们的声名鹊起使人们开始关注这个曾经默默无闻的部队，同时也为它吸引了一大批潜在的入伍者。隐秘的性质不影响它获得广泛的声誉。此外，如人们所见，很多人不介意在三年的常规服役期结束后再签上至少两年的现役合同。但是，他们要符合标准，只有极少数人能满足这一点。这是从一个漫长而苛刻的测试过程开始的，它包括心理评估和模拟测试。阿维于1988~1993年在8200部队服役，现在他是一家风险投资公司的负责人。这个部队最想做的是挑选有潜力的创新者,但他提醒说,"创新很难表达出来"。作为职责的一部分,他还参加招兵工作。他解释说:"这个部队非常多样化。这里有成千上万个来自全国各地的人,对这些人我们有不同的招募标准。这些 17 岁的孩子既让我感到惊讶,又让我感到恐惧。他们高中的简历比我现在的简历都好,他们说,他们已经为惠普公司做了三年的软件测试,或者说自己是一名童子军并领导着一大群人,是学生会主席并在社区做过志愿者,还做过一个机器人项目。"

经过筛选,这些前途光明的人被压缩到一个人数有限的精英群体。例如,在考察候选人时,阿维会关注他们所有科目的成绩,他想看到他们在所有领域都是成功的,即使在不擅长的地方。他说:"如果我看到一个人数学和物理考了 100 分,另一科只考了 60 分,这说明什么?说明他只在自己喜欢的事情上付出努力?"此外,阿维解释说,招募人员会把候选者放到模拟场景当中,看他们如何应对压力,会产生什么样的领导技能,看他们如何与他人合作,同时评估他们的创造力和应对失败的能力。阿维说:"我们有正式课程。他们每个人都将从零开始学习很多知识,我可以在短时间内教授他们硕士阶段的数学知识,但我想要各种各样的人。"值得注意的是,这是一个私人关系无足轻重的地方。实际上,他说,"我亲自刷掉过一个指挥官的女儿"。

对许多人来说,这是他们第一次接触到一个真正的伙伴群体,这本身是在制造机会,让我们看看他们是否适合 8200 部队。J.J. 解释说:"有时这就像休克疗法。他们都是所在地区的佼佼者,他们被挑选出来,放到一个新的地方,这里有很多像他们这样的人,有些甚至比他们更加优秀,这对他们来说非常具有冲击力。"那些将这视为威胁的人未能达到标准,那些将这视为挑战的人将会获得通过。

一旦加入,就别无选择。他们开始为期 6 个月、每天 16~18 个小时的高强度训练。由于从事工作的敏感性,他们被刷掉的概率几乎可以忽略不计。J. J. 说:"一旦开始训练,没人可以中途退出,除非躺在担架上。"

从入伍第一天起,他们就被一遍遍地教导,尽量不要提到他们部队的名字,更不要告诉别人他们在部队的活动。大部分人在退伍多年后依然不会说出部队的名字,他们会用"我们中的一员"或"其中一个兄弟"来称呼彼此——虽然在该部队的服役士兵中有相当多的女兵。有人开玩笑,用 8200 部队的希伯来语发音 shmone matayiim 的谐音 shmone garbayiim 来指代它,后者的意思是八只袜子。虽然使用过世界上最先进的安全技术和操作系统,但从外观上看,他们不具有威胁性。事实上,他们看起来就像一群研究生、数学教授和工程师。

听退伍士兵说,他们差不多都去创立公司、开发技术了,或者在商业、法律等诸多领域取得了卓越成绩,这就像坐看时光倒流——快闪到一个孩子坐在卧室里憧憬、规划未来的场景。他的名字听起来很像"亚当",一家软件公司的首席执行官。他解释说:"从 7 岁起,我就一直在发明东西。我可以制造电脑和数百万种替代性交通工具,我还想做一款可以装上轮子的鞋,这个问题我在 20 年前就想过。"最终,"亚当"和他的伙伴们不得不从他们复杂的脑力活动中抽身出来,与其他志同道合的人待在一个房间里,共同完成任务。现在,所有凭本事创造世界的工匠和思想家有了一个共同的地方可以玩耍。

8200部队被描述为一个松散的天才联盟——他们中一些人有着独特的优势——他们能一直开足马力。对这些士兵来说，他们在部队服役期间拿到硕士甚至博士学位一点都不罕见。据笔者同事的报告，有位老兵赢了以色列版的"危险边缘"（Jeopardy）知识竞赛节目，直到最后才被踢出赛场，原因是他已经赢了三次。吉拉德·戈伦回忆说："我们部队有个小伙子不仅是数学方面的天才，同时他还是顶级的舞者，他从不需要花钱进剧院。他会说，'我是跟乐队来的。'这个人太有才华了，他甚至在追女孩子方面也很有一套，而他唯一失败的地方是他不会演戏，虽然他努力学过这门技艺，但最终选择放弃，成为学术界一名出类拔萃的数学家。"

还有连续创业者伊扎克·波梅兰茨（Itzhik Pomerantz），他身材高大魁梧，但在大学物理系中不会显得格格不入。他可能被描述为传统的、"古板守旧的人"，但在他的思想中没有一成不变的东西。高中的时候波梅兰茨连跳两级，17岁不到就被以色列理工学院电子工程系录取。位于海法的以色列理工学院被视为以色列的麻省理工，它为以色列培养了部分学术储备人员。波梅兰茨几乎是被随机分配到8200部队的，他想应征入伍，到无线电部队服役，但被以色列国防军拒绝。他回忆说："他们说这是不可能的，因为我已经占了学术储备人员中一个属于工程师的名额。他们说如果我拒绝当工程师，他们会把我送到步兵、炮兵的岗位上，而其他工程师则选了情报部门、空军或陆军通信兵的岗位。"他最终来到一个他从未听说过的部队——8200部队。"那是在1969年，他们把我送到一个我从不知道的地方。这个部队是未知的、神秘的，是大部分人都不会提及的。我最终来到这里（8200部队），是为了填补一个工程师的空缺。我在这里待了15年，最后以陆军中校的身份退役。"

在8200部队，这个不缺天才的地方，波梅兰茨在该部队中以杰出的魔术师而著称。他凭借过人的聪明才智很快脱颖而出，关于他的故事在士兵中口耳相传。其中一个最著名的故事是有一次他超速行驶被抓，他想出一种算法，证明当时拍到他的警用雷达有误，从而避免了支付罚单。他说，回想起来，这不是什么特别引以为傲的经历。有一次，他去耶路撒冷参加一个电子产品展览时，看到一则竞赛广告，广告要求参赛者坐在电脑前，用一个单词拼出尽可能多的单词组合。他回忆说："我刚好拥有丰富的想象力，平均速度是每三分钟拼出25个单词组合。我的速度是每三分钟拼出57个单词组合，最终我赢得了比赛，获得在耶路撒冷喜来登（Sheraton）酒店免费度过两个周末的奖励。"闲暇之余，他有许多想法。他按照其中一个想法设计出一座可以让卡车或坦克安全通过的可折叠、可拆卸式桥梁。

和大部分人一样，波梅兰茨极少谈到他在8200部队的活动细节。但是，他承认两件事情。一是23岁时，他带领一个由30名士兵组成的团队，用1000万美元的预算构建了一个计算机系统，这个系统的功能至今仍在保密当中。当时的指令是构建一个可以连续5年执行某项特殊任务的系统，之后再让8200部队复制十个这样的系统。结果这个系统运行得如此之好，以至于它到21年后才被终止使用。他解释说："我们谈论的是32KB的内存,那是在20世纪70年代早期,它展示了我们在使用低配计算机时需要的即兴技能和灵活性。"二是1969年,当电视机在世界上,尤其是在以色列还是稀缺的新鲜事物时,8200部队的技术人员用示波器[2]组装了一台电视机,并通过连接信号收看电视台播出的节目。他干巴巴地说:"这是我们最喜欢的挑战之一,这样做是为了打发无聊的夜晚时间。"

1984年,波梅兰茨在37岁时离开了8200部队。他觉得是时候尝试一下新鲜事物了。他解释说:"我在性格上比较有进取心,对发明新事物感兴趣。我对已经存在的事物毫无兴趣。"1985年,他开始为以色列数码成像创业公司Scitex工作。工作期间,他发明了一个复杂的系统,该系统可以创建、展示平面草图上的三维物体。这个设计后来衍生出Cubitel公司的核心产品。他说:"我的想法是你把草图和原始数据输入系统,从而得到一个非常精致的三维物体。现在人们称之为快速建模。然而,在它出现之前,市场上并没有类似产品。不仅这个概念是超前的,而且产品本身也是超前的。[3]于是,我建造了一个长5米,重5吨的机器。它可以创造任何尺寸为20英寸×20英寸×14英寸的几何物体。"因为不得不应对管理事务,他深感沮丧无力,于是,他在1993年离开了Cubitel公司。归根结底,他还是对发明东西更感兴趣。

他的下一个发明理念是在1991年去东京途中产生的,他当时还在Cubitel公司工作。他回忆说:"当时我正在日本的秋叶原区(Akihabara)行走,我需要给Cubitel公司发传真解雇某个人。问题是公司只有一台传真机,这意味着公司的任何人都可以看到传真内容。"波梅兰茨意识到,必须想办法只让收信人看到他发的传真。他说，他只用了一天时间就想出了解决方案。波梅兰茨设计了一种可以保护传真信息的软件加密技术，他获得这项发明的专利后，却将它束之高阁两年。

离开 Cubitel 公司后，他把这个创意拿了出来，这成为 Aliroo 系统（一个希伯来语单词游戏，意思是"他们看不见的"）的设计依据。波梅兰茨从私人投资者那里募资 30 万美元，一年后，也就是 1994 年，他在计算机经销商博览会上推出 Aliroo 系统。后来，这个系统的功能从传真加密拓展到保护电子邮件和照片。十年后，世界各地的公司都在使用 Aliroo 系统。2003 年，伊士曼柯达公司宣布与 Aliroo 公司达成协议，它将使用 Aliroo 公司的电邮加密技术，把所有类型的患者信息和图片（包括账单、实验报告和放射报告等）通过互联网安全发送到医务人员和患者那里，同时不需要接收方使用指定软件。

但是，对波梅兰茨来说，是时候继续前进了，他在创立 Aliroo 六年后离开了这个公司，这是他在确定"作为技术型企业家，他的创造技能不再有用"后做出的决定。波梅兰茨继续担任其他初创公司的顾问，同时在特拉维夫大学开设生物信号处理课程。他还在研究他的下一个发明——一个涉及企业信息安全的发明。

* * *

有两句与 8200 士兵相关的格言。第一句是："给他们一根杠杆，他们能撬动整个地球。"第二句是："他们的头脑太聪明了，必须用绳子把他们拴在地上，否则他们将会飘走。"如果离开部队时的康加舞是某种暗示的话,那么它确实创造了一个让这两句格言同时存在的地方——变革的自由离不开坚实的基础。8200部队发掘这些人的才能,将他们置于极为特殊的环境当中。这样做的结果是,他们能够透过现象看本质,预测各种可能的变量,及其从最可能到最不可能的结果,这样就能一直运筹帷幄。

第九章
战火淬炼

苏伊士运河，1968年前后……

近代以来，苏伊士运河一直是世界上最重要的水路通道之一。它位于三大洲交界处，向来是不断变化的中东力量平衡的持久象征，故其战略重要性从未被忽视。据说，埃及法老们最先尝试在红海和尼罗河之间修建一条运河。后来征服埃及的政权在取得大大小小的胜利后，都会做出更加雄心勃勃的尝试，试图把红海与地中海连接起来，以缩短欧洲、亚洲和非洲之间利润丰厚的贸易路线。1798年前后，拿破仑的工程师们绞尽脑汁想要修建一条运河，但一无所获。直到1857年，统治埃及的奥斯曼总督委托法国工程师斐迪南·德·雷赛布（Ferdinand de Lesseps）来修建运河，1859年现代苏伊士运河的建设正式开始，用了10年时间才最终完工。

苏伊士运河竣工后，举行了隆重的庆祝活动。值得注意的是，朱塞佩·威尔第（Giuseppe Verdi）曾被委托创作歌剧《阿依达》（Aida），以纪念运河的落成。但是，埃及政府因为修建运河而负债累累，它被迫把运河的控股权卖给英国，以支付修建费用。对英国人来说，苏伊士运河是其前往远东的重要通道，也是维护其波斯湾石油利益的重要保障，所以他们在运河沿线驻军，以确保自己能够安全无忧地获得这些利益。在将近90年的时间里，苏伊士运河一直处于外国控制之下，由苏伊士运河公司（Compagnie Universelle du Canal Maritime de Suez）运营。

就这样一直持续到1956年7月，埃及总统贾迈勒·阿卜杜勒·纳赛尔突然宣布接管苏伊士运河。苏伊士运河的国有化巩固了纳赛尔的权力，也引起了后来的苏伊士运河危机——这场危机加剧了因为一系列政治事件而造就的紧张局势，此时这种紧张局势已经到了一触即发的地步。法国、英国和以色列都有推翻纳赛尔政权的合理动机，于是它们联合起来。简而言之，几个月后，这三个国家入侵埃及，以迫使其开放运河。但是，这次袭击遭到国际社会、美国和联合国的强烈谴责，最后，英、法、以三国被迫撤军，纳赛尔总统获得胜利，由此巩固了他在阿拉伯世界的领导地位。

11年后，苏伊士运河再次成为地缘政治风暴的中心。1967年六日战争后，以色列占领西奈半岛，同时占领了这条101英里长的水道。因为埃及的封锁，以色列被拒之门外多年，如今控制运河命运的是以色列人。苏伊士运河是国际贸易的重要动脉，也是埃及民族自豪感的象征，现在则成为两个敌对国之间的战略缓冲地带。战争过后，英国人和法国人出局，埃及人被击退，以色列军队驻扎在运河东岸沿线，距离开罗市中心只有大约60英里。

在战争结束后的某个时刻，举世闻名的苏伊士运河再次成为军事行动的场所,这次军事行动在国际舞台上,在这片水域上如此公开地上演,以至于它为传奇的苏伊士运河增添了新的色彩。此时此刻,以色列将在这里开展一次军事行动。计划已经拟定,士兵们会秘密渡河,来到运河西岸属于埃及的一边。根据计划,他们将使用小橡皮艇过河,问题是以色列人需要追踪突击队船只的位置,而他们只有不到一周的时间来想出解决方案。他们需要一种设备,这种设备能够让以色列人监视船只的同时不被埃及人发现,它将为士兵们安全通过苏伊士运河提供技术保障。这项任务最终落到8200部队的几个士兵身上,他们立刻执行任务,五天后,他们发明出一种特殊的发射器信号,它可以跟踪船只,并在船只经过苏伊士运河进入敌方领土后继续追踪其行动。

这个解决方案,或者说这个发射器体现了8200部队的所有典型特质:高效、机敏、快速研发、快速部署,并在巨大的压力和有限的时间里完成任务。

鲁文评论说:"这种情况并不特别令人称奇,它在8200部队可以说司空见惯。"虽然他不是研制发射器信号的特殊小组成员,且直到很多年后才加入8200部队,但他认为,这是对军事游戏本质及不断出现的突发事件的简单说明——它建立了一种主要靠自身力量来解决问题的做事方法。他解释说:"他们设计出一个完整的解决方案,并在短短几天内将其部署完毕。有时解决方案之所以独特,是因为市场上没有这样的方案。你不能一直购买,因为这将暴露你正在从事的事情,而我们没有时间照章办事或者遵循所有的程序办事。"为了强调这一点,他不带任何讽刺意味地说出8200部队的格言:我们花了几个小时时间去做奇怪的事情，不幸的是，我们还要花上几天时间去做不可能的事情。

然而，抛开傲慢不谈，毫不夸张地说，以色列最重要的文化之一——创新文化就是从这种将不可能变为可能的感受中诞生的。它是驱动思想"飞轮"的动力，国家安全由其维系，新技术由此诞生，国民经济也因此而充满活力。8200部队是一个军事单位，是军事组织的一部分，就其本身性质而言，它应该是严格守纪且服从权威的，但事实恰恰相反。更确切地说，这是在一个军事结构中积极工作的多个个体的融合——这种结构催生创造力，鼓励冒险，甚至在一定程度上鼓励失败。这是一种推崇领导力但蔑视等级权威的结构，它包容各种观点，促进协作，且将想象力和经验置于同等重要的位置。

正是8200部队的这种结构造就了如同在咖啡因刺激下涌现的创意激流，这些创意已经转变为创业公司和在纳斯达克上市的公司。在一些案例中，整个行业都是建立在这些创意之上。8200部队对很大一部分创业公司产生了持久的影响，这就是为什么以色列报纸《国土报》的经济版会做出这样的论断：民用领域正在进行的许多技术创新都是该部队的老兵先前在军队中发明和改进的，这并不是什么偶然。[1]

这种联系出现在包括8200部队在内的许多王牌部队，特拉维夫大学商学院的两名组织行为学教授德罗里·以色列（Drori Israel）和塞缪尔·埃利斯（Shmuel Ellis）一直在研究这种联系的根源。他们坚持认为，至少从一开始，这些部队的士兵就充分利用他们在军队中形成的关系网、利用他们在那里学到的技能。但是，这种情况涉及的不仅仅是服役期间获得的有形技能，如知道如何处理信号、如何连接无线电，以及从军用到民用的转变。他们说，准则和价值观也在发挥作用，并且具有同样的影响力。全心投入塞缪尔·埃利斯和德罗里·以色列所说的"即兴创作和创新思维的文化"当中，这些士兵已经将他们学到的东西与如何将其应用于民用领域本能地联系起来。

以色列说："初创公司面临的风险很大，所以需要快速做出反应。"这些人确实很适应这种压力，他们不规避风险。他们以任务为导向，恪尽职守，不会遇到压力就崩溃。埃利斯补充说："除此之外，他们还是天赋异禀的工程师。你还想要什么呢？没有比他们更合适的了。"也就是说，在难以置信的重压下，还有谁能花一晚上时间把一个想法变成一个产品呢？埃利斯教授解释说，"每个人都是一个完整的世界。这样的人服完兵役，进入人力市场，人们通常认为他们具备以下素质：有创造力、负责任、上进心强且才华横溢"。

除了显著的不同（它涉及国家安全、军事训练、穿制服以及由授勋将军担任直接主管），这种环境映射了（如果不是模拟的话）那些在众所周知的创业公司中发挥作用的力量：混乱、不眠的夜晚、压力，以及穿过迷宫般的障碍，朝着最终目标前进的天赋。士兵们交换系统、信息和分析结果，这些是以色列决策者赖以制定政策和行动的基础。信息就是情报，而信息在很大程度上来源于复杂的通信系统。它可能处于国家安全的最前线，但它的核心始终是信息技术。

以色列军事情报局负责人阿哈龙·泽维·法卡什少将在他位于基里亚大楼的办公室里拿出一份电脑打印的文件，上面有34家以色列公司的名称和标志。虽然只是部分名单，但文件上的所有公司都是从这个国家的精英电子情报部队衍生出来的。法卡什身材魁梧，气度不凡，他的大部分军旅生涯都是在这个汇集各处信息的情报部队中度过的，而这些信息成为战争和商业的交会点。

然而，回顾打印纸上那些很大程度上产生于这种"竞争"的公司名单，用他的话说，这只能解释故事的部分缘由。毕竟，人们很难发现这种制度化的创新精神（它跟孵化器很像）是如何横扫军事情报机构，然后以同样的方式进入民用领域的。对法卡什来说，这种独特的情形落脚在一种更基本、更务实的方法上。它源于一种比个人荣誉或金钱利益更加重要的承诺和使命，而它被嫁接到一种非常具体的办事方式上。他说："这些部队有着强烈的积极能动性。我们觉得他们可以为国家发挥自己的创造力。它是多个学科的结合，不仅仅包括物理、化学和数学。你把这些人集中在一起，问他们问题。"他想了一会儿，接着说："有时候，重要的是提出正确问题的能力，而不是找到正确答案的能力。也许因为公式简单了，也许因为威胁，你必须知道你要比其他人做得更好。这种对优势地位的渴求促使我们成为最优秀的。这是一种非常强的激励因素。"

这与美国人在20世纪60年代加入"太空竞赛"时确立的自律和创造力的混合体没什么区别，也与二战期间激励并征服纳粹的狂热努力类似。但是，在以色列，这种强烈的进取心是一直存在的。

* * *

8200部队的创造性倾向始于激情的火花，火花点燃了开启创新进程的想法。创新可以在运营中产生，可以源于改进现有产品的内在动力，或者对另辟蹊径的渴望。它发源于启发性想法，并在裂缝、壁龛和意想不到的黑暗角落里找到答案。有时，它诞生于发现全新的事物，抑或只是从不同的角度观察事物：从侧面观察，从底部观察，或者重新审视旧的做事方法。一个人面对挑战时没有其他选择，他或者她只能快速地解决问题。一个曾在8200部队服役的老兵在退役之后和几名战友共同创建一家通信公司，他解释说，创新源于这样一个事实——人们需要某种以不存在的方式运行的机器："以前没有出现过这种问题，你必须迅速拿出解决方案。与此同时，没有人可以帮助你，因为这个问题出现得太突然了，所以，你必须自己想办法。"

部队内部有相对的自主权和自决权，这赋予士兵极大的创新自由以及完成发明创造的手段。部队在很多时候有意营造不拘一格的氛围。鲁文说："人们有很高的自由度来玩技术。对工程师来说，科技就像玩具。他们总是尝试用最顶尖的技术来做实验。在商业领域，人们不会允许他们如此行事。"不过他强调说，"军队不是商场"。他们不用考虑导致商品滞销的外部因素（如质量保证、稳定性和功能保证），重点是在没有指导手册、没有学术文献，甚至在用途没有得到检验的情况下，在技术的外围开发技术。他继续说："技术就像魔法，它完全按照你说的做，但它周围的一切是不存在的。对于同一类问题，情报部门的解决方案都是一次性的，而你只有一个供应商：这就是军队。技术中心可以冒险使用最顶尖的技术。"他指出，让这个过程程式化将使人们"失去创新精神"。

埃利·巴尔在8200部队服役多年,其中三年担任该部队的指挥官,他描述了这种类似于高科技三环马戏团的环境,所有的动作和模糊的身影都随着现场音乐的节奏而移动。他说:

> 这就像一个钟摆。情报机构的每次小变动都会使整个军队发生大变动,它影响到训练和任务的核心,再加上每日、每周都需要的创造力。提前规划需要做很多工作,现在的技术是如此先进,你不能只关注今天的问题,你要为明天的问题找到解决方案。一天的部分时间要花在接下来24小时的工作上,另一部分时间要花在设计4~5年后的问题上。

重点在于识别难题并解决难题。除此以外,准将们睁只眼闭只眼,表现出相当迁就的态度。他们的工作不是让每个人都循规蹈矩,而是维持一种点燃热情的氛围。为了让下属们不拘泥于一种视角,这里的指挥官很少将自己解决问题的方法强加给他们。1997~2001年指挥该部队的平哈斯·布克里斯说:"在我看来,8200部队是以色列国防军中最有变革力的部队。这个部队里有很多聪明、老练、热情、上进的年轻人。问题是你如何领导这些人?在军队里,你可以凭借命令管理一支部队,你可以说要在这个或那个时间到达这里或那里,但是你不能命令士兵保持思考或上进。你不仅要制造难题——还要创造环境、塑造精神。"

在这种环境中,人们一开始就对你抱着很高的期望,也会给予你很大的支持。布克里斯说:"我们让年轻人应对巨大的挑战，我们给他们机会、为他们创造条件，让他们承担责任，没有一家公司会让年轻工程师来挑大梁、主持项目。"从根本上讲，他们需要创新。根据这个线索，布克里斯得出自己的结论，他说，没有尖端技术，即使最高级别的情报组织也无法生存：

> 为了搜集非常敏感的信息，你必须掌握尖端技术。过去十年的变化显示，科技世界的发展日新月异。这些年轻人知道如何应对科技发展，他们必须拥有极具创造力的动态思维。有时他们要应付摆在他们面前的技术系统，或者要想方设法处理一些超出其能力范围的事情。这并不是说，如果决定制造某种产品，你就要提前处理一些事情，因为情况一直在发生变化。

布克里斯总结说："在这种环境中，他们的创造力是无限的。"

在战争中获得行动情报需要的元素与商业成功需要的元素似乎是一样的。时间就是生命，必须快速做出反应，必须在瞬息万变的市场中不断改进、推出新的产品。士兵就像创业公司的员工，他们独立工作，但同时又是团队的一部分。他们头脑灵活、勇于创新，且能力出众，不管年龄大小、经验多寡，他们都能在一个不稳定的指挥系统中发挥作用。埃利·巴尔解释说："创造力的高低决定人们是否愿意凭借自身能力在一个相对不稳定的环境中生活。创业需要的环境是非常复杂的。8200部队的一个矛盾之处在于，它是混乱军队中最有序的部队之一。同时，从外部看，它结构良好，运营有序。从内部看，它充满自由精神，有着充足的预算和提出解决方案的人力资源。"埃利·巴尔在结束 27 年的军旅生涯后，担任全球通信公司敏讯的执行副总裁（该公司在 1998 年被美国通信公司 ADC 收购），这并非偶然。后来，埃利·巴尔又担任科技风险基金公司 Mofet 的管理合伙人，据他估计，他大约 70% 的职务都带着 8200 部队前成员的印记。

这里盛行的是一种受制于军事框架的非正式氛围。在这里，标新立异被认为是可以接受的，甚至是受到鼓励的——反常识也是被允许的。人们会不停地问"如果……会怎么样呢？"这里的精神特质是勇于创新。在实践层面上，这也关系到国家未来的安全。他们接到的战斗命令是去发明创造，这可能意味着创建一个新系统，改造一个现有系统，或者解决一个分析领域的挑战。这不仅仅是基线的变化，还是突破的积累。8200 部队前成员加比·伊兰（Gabi Ilan）说："这里存在一种特殊的精神，还有许多需要承担的责任。这里的年轻人有才华、有抱负。这里的精神、勇气和倡议支持某些新想法，即使它们与大众接受的想法不一样。在这里每个人的行为都与众不同，但部队坦然接受。8200 部队的其中一个优点是它不会把你放到一个预先设定的工作当中，告诉你该做什么，工作可以根据个人能力量身定制。"正如伊兰的解释，最终价值不能只放在制造了某个终端产品上，还要放在增加产生创意的途径，放在尝试改变现有程序、尝试创建新的系统、尝试从技术上解决操作问题所需要的积极主动性上，即使那些问题被认为是无法解决或者不归他们解决的。

1981年从8200部队退伍后，伊兰在以色列大型电信公司塔迪兰工作了10年时间，他从零开始创建了一个新的基于信号处理的通信情报系统。然后他问自己："如果……将会怎么样？"如果有一种系统可以识别人类笔迹，并像数字化平板电脑一样为其排版，这将会怎么样呢？顺便说一下，这是在1989年，在掌上电脑（个人数字助理，PDA）普及之前，比苹果推出牛顿掌上电脑还要早上4年。然而，就是在这个时候，伊兰注意到，他在特拉维夫大学攻读工商管理硕士的妻子需要花费大量时间写作业，然后把作业在打字机上手打出来。于是，伊兰协助开发手写技术，作为给妻子节省时间的礼物。

伊兰和他的一位数学家同事花了一年时间在他的厨房里制作原型。他们使用特殊的信号处理算法创建一个系统，这个系统后来成为高级识别技术公司（ART）的核心产品。他们先开发了一个方便操作的程序，将掌上电脑上的手写文字转换成可以存储在电脑上并打印出来的电子文本。这个手写系统推动了语音指令软件程序的发展，该程序能够将语音指令添加到各种电子设备上。比如，在手机中添加一个软件芯片，让呼叫者对着手机讲话，手机就会识别出呼叫者的语音指令并拨出电话。手写程序和软件程序都使用人工智能学习用户的特定声音和书写模式，作为将来识别、分辨用户的一种方式。

大约在2000年，伊兰又一次问自己："如果……将会怎么样？"如果人们可以操纵普通家庭使用的电子和光学信号将会怎么样呢？在接触这类技术若干年后，伊兰开始思考如何使其商业化。他说："我认为它可以应用到优惠券市场。我知道在美国，优惠券是一门大生意。"伊兰开始集思广益，探讨把报纸上的优惠券插页直接从电视广告上拿下来的可能性。Optinetix 就是这样开始的，这是一项专门从电视屏幕和显示器上下载数字信息的技术。

在特拉维夫郊区的办公室里，伊兰把一组看似电视遥控器的装置排成一排，这些装置有银色的，有蓝色的，还有红色的。实际上，每个遥控器里都装着一个很小的光学接收器、四节双 A 号电池和一台打印机。伊兰用这些装置开发出一个可以直接从电视上下载优惠券的系统。例如，在播放可口可乐广告时，用户将遥控器对准屏幕并点击按钮，遥控器将识别电视的光学信号，接收条状信号，下载信息，并打印优惠券。他解释说："这个装置相当复杂。虽然操作简单，只需一个按钮，但里面的东西一点也不简单，它要处理大量的信号。"

* * *

巅峰时期，8200 部队集结了一群具有聪明才智的人，这些人携手探索未知世界，打破它的限制，并试图窥探尚未出现的未来，他们不问"为什么？"只问"为什么不？"举个例子，如果你可以通过带宽发送数据，为什么不通过带宽发送语音呢？如果你能锁定并截获敌人的跳频编码，为什么不将这方面的知识扩展到为双向寻呼系统创建无线保真频段，然后将系统整合到单一网络上呢……诸如此类，等等。

以大校军衔离开部队四年后，迈克尔在 20 世纪 90 年代末加入一家软件创业公司，担任首席执行官职务。他说："我认为这个部队是以色列最大、最成功的孵化器，最重要的原因是，它的行为方式和行动内容与军队中的其他部队都不一样。"

这不是什么巧合。你看看在民用领域建立一家高科技公司的过程，在最初阶段，你会发现它与8200部队采纳想法、创建系统的过程是一样的。你会根据性质和定义找到非常独特的解决方法，这是你从第一天起就接受的教导。我就是这样被培养起来的，这也是我培养后来人的方法。挑战难度很大，但你必须找到解决方案。他们教你审视原来的解决方案，他们希望你（这么做），他们不想听你找借口。

迈克尔说："假如你有一个想法，很多时候，你会发现没有任务的人会自己寻找需求或挑战，然后找到解决方案，就像创业公司一样。比如，我们觉得人们喜欢发手机短信，于是我们开发了SMS（短信服务）软件。但是，8200部队的这些创意不是为了服务消费者，而是为了服务与以色列安全需求挂钩的一次行动。"迈克尔最后总结说："要确定问题和解决方案，将一个创意付诸实践需要资源、人力和金钱。重点是如何描述这个问题和解决方案，这相当于在军事环境中推出一个商业计划。"

迈克尔的软件公司是由几个8200部队前成员创立的。他们采用同样不拘一格的标准：确定问题，然后找到解决方案。20世纪90年代中后期，互联网商务随着马赛克网络浏览器（Mosaic Web Browser）的出现而出现。据迈克尔所说，一个被称为标准查询语言（SQL）的严格标准被用来访问并操作数据库系统。他的公司正在寻求创立一种更直观、更精妙的搜索途径。后来，它推出一个让搜索者能够运用参数直观找到关联信息的程序。也就是说，这个程序可以按照用户选择的方式识别名字和词组之间的模式与联系，进而检索信息。例如，该公司设计的程序可以帮助人们在线搜索电影，即使他们只知道电影的部分信息，如电影主题或角色名字，即使他们没有正确拼写演员或导演的名字，软件也会给出正确的电影名称。这就像与朋友回忆一部你不清楚细节的电影，你说电影发生在外太空，你认为有个叫卢克的角色，一个机器人和一个公主。这个联系足以让你的朋友将他或她记忆中的信息同比如《星球大战》之类的影片联系在一起。

它同那些用来搜集、整合信息片段，然后找到模糊联系，并将它们整理成可理解此联系的智能系统没有太大区别。毕竟，就像迈克尔所解释的那样，"这和寻找恐怖分子联系人的方法是一样的"。消费者可以利用它在许多大型零售网站上寻找结婚礼物、工具、电影和几乎所有的消费品。

与该部队解决问题的方法和过程同样重要的是它不可否认的年轻因素。高中刚毕业的人就要在这里承担重要的责任。设计这个过程的目的是将滋生的想法与滋生想法的经验和背景放在同等重要的位置。与此同时，每年都有源源不断的新兵加入，对个人所做贡献的重视，意味着该部队的理念文化很少停滞不前。

在混乱时刻，队员们不得不做出生死攸关的决定，这超出他们的职责范围——无论是开发系统、分析形势，还是说明数据。20世纪90年代早期，阿姆农在8200部队从事分析工作。他解释说，"部队很快教会你两件事情：责任和所有权。你20岁了，你要承担责任。没有人为基地上200~400人的情报成果负责,你要及时把信息传递给总部,你的责任就是告诉他们,导弹是往东发射还是往西发射"。

阿姆农回忆说:"有一次,凌晨两点的时候,我正要结束基地的夜班工作,四周很安静,然后一切都乱了套。一名恐怖分子试图从约旦进入以色列。"20岁的阿姆农不久前结束了军事训练、完成了他的军官课程,他负责这里的一切。"我们接受过压力下的行动训练,要完成任务,要迅速、沉着、冷静地采取行动。这种情况会让你的肾上腺素急剧飙升。"他接着说,"你有几秒到几分钟的时间在三五个脚本中做出选择:行动、做出反应、报告、向谁报告"。

这种紧张的经历留下了不可磨灭的印记:就是相信自己拥有促成改变、创造奇迹和打破界限的能力。20岁时,里奥尔(Lior)接受了一项艰巨的任务:将涵盖以色列20年技术情报的长达15000页的内容压缩为一个只有230页的内容摘要。他回忆说:"在长达一年的时间里,我每天从早上8时到下午6时,都在阅读这些材料中度过。"更重要的是,他成功完成这项任务。"我认识到,如果你态度端正,并且拥有在部队掌握的技能,那就没有学不会的学科,也没有不够用的时间。当我完成这个项目时,我感觉没有我做不到的事情。"人们经常从部队的士兵那里听到这样一个主题:那就是一切皆有可能。在别人觉得有限制的地方,他们看到了机会。同样,谈到在这个部队度过的时光时,奥利(Ori)说:"这段时间他认识到万事万物是没有限制的,没有事情会复杂到解决不了。教官们告诉我们,可能除了预算之外,没有什么是不能做或处理不了的。"他接着笑着说:"这让我开始质疑一切。"

青年因素创造了一种鼓励多种观点存在的充满活力的氛围。它在某种程度上源于 1973 年赎罪日战争的创伤，当时高级情报官员坚持既定观念，无视下属警告，从而导致战争初期的失败。然而，这支部队和以色列国防军一样，愿意为好的创意大开方便之门。迈克尔说："你是什么军衔并不重要，所有人都被分配了任务，要求他们解决问题、提出建议。"这种特质已经延续到民用领域。以色列人至今仍对美国和欧洲公司机械式遵守等级制度感到震惊。在这样的环境中，一个低阶军官可以反驳他的指挥官，事实上，如果情况需要的话，人们也希望他能这么做，在这种环境中成长的人会鼓励人们提出不同观点。阿维于 1988 年加入 8200 部队，在这个部队服了 5 年的兵役，他说："在我的所有职业生涯中，到目前为止，对我创业影响最大的还是部队。我过去每天都同参谋长办公室的人通话，参谋长会不拘小节地打电话过来，问我 20 岁时都干了什么。就年龄而言，和我们一样的美国同行应该都 40 岁了。

专家可能会在熟练度上取胜，但专家与相对缺乏经验的人结合起来会产生奇思妙想。前指挥官平哈斯·布克里斯解释说："我们很幸运。"

每年部队都接收新兵和工程师，补充新鲜血液。机构中的一些人可能会用一种方式思考问题，然后陷入困境。每个人都从自己的角度来看问题，突然间出现一名新兵，一个新的问题和一种新的观点。于是，人们不再拘泥于自己的思维方式。做事方式是不断变化的，当你把年轻人和有经验的人放在一起处理问题时，他们会竭尽全力地解决问题，最后不管解决问题的方法还是取得的成果都有质量保证。

观点和解决方案的多样性不仅源于年龄和经验的结合，还源于多学科的结合，这种结合使人们可以共同探索、剖析问题，最终找到一个联合的解决方案。这个解决方案囊括了多个学科背景，每个学科都有自己独立的视角，但结合起来又能形成一种既深刻又广泛的视角。以平哈斯·布克里斯为例，他的出身背景和视角与许多以8200部队为起点、逐步晋升指挥官的人不同。20世纪70年代初，他想成为一名飞行员，还参加了空军的飞行员课程培训。然而，几个月后，空军决定让他离开。据布克里斯说，他们的理由是他缺乏当飞行员的潜质。他回忆说："当我开始飞行时，我试着控制那架小型（训练）飞机。我担心这个、担心那个，他们认为我无法掌控全局。"回想起来，对布克里斯这个说话温和的人来说，这可谓是塞翁失马焉知非福。1974年，他加入精锐特种侦察部队——萨耶雷特·马特卡尔。两年后，他成为精英中的精英——少数被选中参加恩德培营救行动的突击队员之一。他说："这是一生只会出现一次的行动。"布克里斯在萨耶雷特·马特卡尔服役到1982年。退役6年后，部队的人让他重新入伍，担任萨耶雷特·马特卡尔的副指挥官。他原本以为自己将成为这支部队的指挥官，没想到的是他被调到情报部门的另一个技术部队，后来又去了8200部队。在这个过程中，布克里斯完成了哈佛商学院的高级管理课程，在这之前他还拿到了以色列理工学院的理学学士学位和德比大学的工商管理硕士学位。1993年，他获得以色列安全奖。2003年,凭借丰富而广泛的经验,布克里斯以合伙人身份加入英国风险投资集团安佰深(Apax Partner)在以色列的分公司,恰好他的专业领域就是信息技术。

* * *

以色列建国只有几十年,它还是一个相对年轻的国家,所以它并没有完全接受传统的枷锁。可能因为这个原因,它的许多制度和做法仍然是宽松的、开放的、不拘一格的。在部队服役的一个重要影响是获得在实践中学习的能力,人们不仅学习如何做事,还学习事情是如何做成的。虽然这种方法有它的不足之处——短视和走捷径倾向并不适合真正的管理入门学生,但它对激发创造力有着深刻和积极的影响。到士兵们进入部队的时候,他们已经经历了长达6个月的令人难以想象的浸入式训练。他们每天花16个小时学习阿拉伯语、物理、信号处理等耗费脑力的课程。但是,真正的教育是在做任务时获得的,他们可以从中获得直接的、持续不断的实践经验。相比之下,理论上的推演可谓是难得的享受,它是一种实时快速部署想法的方式。

20世纪90年代末离开8200部队的莱尼现在是一家通信网络公司的首席执行官,他将这个过程描述为一种持续的知识接力赛。"年轻人向上面的人学习。从第一天起,你就接受该领域专家的培训,探索技术的极限。你是在技术领域工作,不是在学院工作。这个领域还有很多东西没有付诸实践,所以你必须走在技术前面。"这是一种浸没式温室。"这些信息是你在其他地方无法获得的,这是实际操作经验。你不需要被灼伤就能热腾起来，并且你不需要走到实验阶段。"

该部队的行动速度要求创建一个能够在其校准的效率感中运行的系统，这非常符合以色列人厌恶传统、喜欢即兴发挥的脾性。8200部队对训练士兵的编排以及系统和技术的开发很少写在纸上，大部分知识都是在士兵之间口口相传的。莱尼解释说："一切进行得太快了。我们没有时间记录学到的知识。"虽然他们有意在细节上含糊其词，但从众多部队成员对无数种情况的描述中可以看出，从确认问题到解决问题只需要几天时间。比如，莱尼建议："你设计了一个系统，它能工作，并且它做了应该做的事情。"但是，如果它运行失败呢。他开玩笑说："你没有时间回实验室寻找原因，你必须在没有工具或零件的情况下当场修复它，这就像《百战天龙》的秘密特工。给你一块口香糖，你能当场造出一架飞机模型。"

许多人说，以色列公司完成一款原型机所需要的时间比世界上大部分公司都短，这背后是它们所具有的快速部署解决方案，并快速应对不利情况的能力。咖啡馆里流传着一个关于特拉维夫和赫兹利亚高科技产业群的故事。虽然没有提到具体细节，但故事的精髓给人留下深刻印象。讲故事的人并不确定故事的真实性。它可能是一家电信公司或者一家无线电设备公司，这个公司与一家大型欧洲公司（可能是德国公司）有生意来往。可以确定的是，这家以色列创业公司有着明显属于8200部队退伍士兵的独特印记。这个公司接受委托为一个大的欧洲组织开发产品。然而，在最后期限到来前一周，该组织对它的原型产品提出全新的要求。以色列人意识到，重新设计、出货、等待通关所需要的时间可能让他们错过最后期限，进而失去佣金。重建原型后，以色列人决定把它拆分成20个小零件。他们没有用船运，而是让20个人乘坐飞机前往欧洲，每人用手提箱携带一个零件。

在许多情况下，十足的胆量是最具影响力的因素之一。当你发现自己走投无路时，在一定程度上会产生想要战斗的原始冲动。在这里有一条亘古不变的定律，那就是寻找出路——任何出路——直到找到为止。可以从情报界的一句古老格言中领悟其精髓："如果门锁了，那就从窗户出去。"8200部队退伍士兵、本地网络公司联合创始人吉拉德·戈伦这样解释："我们要去解决问题。在美国，人们做事之前要制订计划。如果没有计划，他们就不会着手去做。在以色列，我们会说，'我们会找到解决方法，会发生一些意外，但我们并不害怕'。"此外，他还说："以色列没有托马斯·爱迪生（Thomas Edison）或亚历山大·格雷厄姆·贝尔（Alexander Graham Bell）。我们没有这样拥有伟大思想的人。我们是战士，我们要赢，我们要证明自己比他人优秀。"

他们不怕在这个过程中出错，创新的最大障碍之一就是害怕失败。有一句经常出现的以色列谚语："如果你什么都不做的话，你就不会犯错。"失败是成功之母。唯一真正的失败是彻底的崩溃，或者比彻底崩溃更糟糕的——无所作为，那可能导致毁灭。其他任何事情都不过是在解决许多人认为不可能的事情上又迈出了一步。

国防部武器和技术基础设施发展管理局负责人艾萨克·本·以色列称这个理念是以色列人深层性格特征的一部分，它在军队中已经被制度化了。本·以色列认为这始于建国时期，他解释说:"以色列的建立是对犹太人在散居地旧有生活方式的一种打击。以色列的建立是一场革命,每种想法都是一种创新,我们还把质疑《托拉》所有内容的犹太传统纳入其中。最重要的是,我们一直处于战争状态,这迫使我们为了生存而做出改变。"

然后,本·以色列联系到科学。他接着说:"当你思考科学是如何进步时,你就知道它是建立在失败的基础上的。"

> 你是如何在科学领域取得进展的呢?你先提出一些猜想,然后验证这些猜想,排除那些不成立的猜想。排除就意味着失败。这就是创新哲学的产生过程。在这个过程中,你有许多好的想法,但95%~99%的想法都会归于失败。你会一个个尝试,失败的过程并不是不受欢迎的,一旦你认识到失败是一个自然而然的科学过程,并且明白科学发展离不开大胆的实验,你就不会畏惧失败了。

据本·以色列所说,这是对以色列人性格的一个基本阐释。

最后,跳跃前的跌倒和"重大发现"前有缺陷的概念一样,都有它自己的价值。这里可能对失败的定义不同,不成功并不代表着失败,它只是整个过程的一部分,是算到前进步伐当中的。

从某些方面说,8200部队就像一个梦想家的集合。这些孩子上学时爱摆弄民用无线电设备,或者把父亲汽车的发动机拆开再组装起来。成年以后,他们在别人的鼓励下继续保持那种未经雕琢的童真，在他们看来，未来比过去重要。作为成年人，没人劝说他们不要去摆弄、修补或维修东西——事实上，他们被赋予了最好的工具来做这些事情。人们会看到他们的失误，也会认可他们的成就。在想要改变的时候，他们被赋予了主人翁意识，这让他们有条件去促成改变。他们对自己的处境异常敏感，他们自身的这些特质让其在民用领域大放光彩。

第十章
间谍公司

钻石地区，拉马特甘，2003 年……

如果一个城市的街道能够展示一个城市的故事，那么特拉维夫所展现的是一个关于再造重生的故事。时至今日，曾经秀美雅致的林荫大道仍然绿树成荫，典雅气派的别墅墙壁却已满目疮痍，它们与时髦的咖啡屋并排而立。之前占统治地位的奥斯曼式锯齿状阳台和方形圆顶让位于英国委任统治时期遗留下来的低矮的、暗褐色的功能主义建筑，而这些建筑又被饱经风霜的白色包豪斯建筑和随处可见的建在高架柱上的水泥公寓楼所取代。我们可以在展示一个城市特征的、无处不在的钢筋建筑中发现新时代的骨架标志，因为这些建筑是在不同时期完工的，陪伴它们的是无处不在的建筑起重机。这座城市建于将近一个世纪之前，而它尚未习惯自己的身份。其名字本身展示了它与生俱来地向前看的倾向：tel 这个希伯来语词汇的意思是"建在历史遗迹上的小山丘"，aviv 在希伯来语中的意思是"春天"。与历史悠久、可以从断裂缝隙中看出所处时代的古城不同，特拉维夫的城市景观展现的是未来的分层状况。在耶路撒冷,历史被人们抓住不放。在特拉维夫,人们在乎的是未来。

特拉维夫可能是以色列人思维方式的有形体现,如果它有一个静态特征的话,那就是热衷改进和变革,不断地力争上游、勇往直前。在这里,一幢幢拥有玻璃幕墙的摩天大楼在远离城市中心的地方拔地而起。大楼内部正在发生着一系列的变化。特拉维夫东部的拉马特甘街区就是这样一个聚集区。凑巧的是,它还是以色列的钻石交易中心,也是世界上最大的钻石切割和抛光中心之一。在20世纪90年代中期以色列高科技产业成为一个全球因子之前,钻石和柑橘一直是以色列的主要出口产品。在雅博廷斯基大街(Yabotinsky Street)的钻石大厦里,有一个让所有变革力量发挥作用的地方,这就是捷邦公司,它代表着一种深刻的转变,也代表着以色列未来的一个转折点。

捷邦公司的联合创始人吉尔·施维德(Gil Shwed)性格腼腆、聪明智慧,他将和捷邦一起定义现代以色列的成功故事:这个充满创新精神的企业家在离开军队后颇有远见地创建了一家全球领先企业,并围绕这个企业开创了一个全新的行业。捷邦几乎一手缔造了互联网防火墙这个产品,如今的互联网防火墙已经成为保护计算机网络免受病毒入侵和外部攻击的软件通用术语,它允许数据离开网络,并防止未经授权的用户和数据破坏网络。1993年,捷邦和它的突破性产品防火墙-1(FireWall-1)从名不见经传一跃成为网络安全领域的标杆。据该公司所说,世界上几乎所有的政府机构和大的组织都在使用它的产品,包括80%的《财富》500强企业。捷邦是以色列的标杆企业,它是在纳斯达克上市的最有价值的以色列公司之一。自 1996 年上市以来,该公司的市值一路飙升,一度达到 200 亿美元(2004 年初跌回 56.9 亿美元)。2003 年,该公司的年销售额达到 4.326 亿美元。

对施维德来说,他在 24 岁时创办的公司仅用了十年时间就为他创造了大约 10 亿美元的个人财富。2001 年,他成功登上《福布斯》年度亿万富翁排行榜,并成为登上该榜单的最年轻的亿万富翁之一。[1]两年后,在瑞士达沃斯举行的世界经济论坛年度峰会上,施维德被评为全球明日领袖,众所周知,参加这个峰会的都是世界上最出类拔萃、最有影响力的人。在以色列国内,施维德被视为英雄、以色列的比尔·盖茨。事实上,在他成名后不久,这个国家的报纸就开始亲切地称他为"吉尔·贝茨"(Gil Bates)。

在一个满是大胆创新者的国度,军队除了做好安全防卫工作之外,还可以发挥企业孵化器的作用,捷邦的故事就是这两种职能最典型的例子。它既是神话,也是经典的以色列故事,它讲述的是在合适的时间找到一个问题,把问题当作机遇,然后创造性地解决问题。这是一个将安全视为宝贵资源的国家的最好写照,它不仅能够凭借自身能力充分理解威胁,还能找到创新途径来解决威胁,并将这些解决方案应用到商业领域。在这种情况下,有人敏锐地意识到,将计算机联网的话,它能加强我们的通信能力,但这个时候就有必要保证通信安全了。

20 世纪 80 年代末,当施维德还在 8200 部队服役时,他就首次提出要成为世界上最大的安全软件销售商的想法。虽然很多时候他不愿谈论自己的军旅生涯,但他承认在军队服役期间确实产生了成立捷邦公司的想法。他的工作涉及将两个机密计算机网络连接在一起,允许一些用户访问机密数据,同时拒绝其他用户访问这些数据。事实证明,最初的联机是一个至关重要的尝试,虽然它是在某个军事基地的一个可能没有窗户的房间里进行的。他解释说:"我观察市场,发现没有好的解决方案。"于是,他不得不自己寻找解决方案,这已经成为一种习惯。这件事很简单,它源于一种真实的、明确的需求,并且这种需求确实起作用了。

施维德看着变化中的环境,他知道计算机和互联网的应用从大学到企业,再到普通消费者只是时间问题。所以,需要在更大的应用环境中规划计算机网络的软件安全问题。"我知道这是一个很好的创意,我选择把它埋在心底三四年。"1991年,当施维德离开军队时,他带走了这个创意,他一再强调他没有带走其他任何东西。到开发防火墙-1的时候,他坚持说:"我是从零做起,我没有拿军队一个代码,创意是原先就有的,而我在等待市场出现,然后围绕市场成立一家公司。"

为计算机网络构建防火墙软件的想法现在听起来似乎平淡无奇。但是,在施维德构思这个概念的时候,使用互联网的主要是政府和学界人士。当然,那是在互联网走进千家万户之前,也是在相关程序和服务出现前几年,它暴露了互联网是多么的不受保护,以及互联网用户是多么容易受到流氓黑客和破坏性病毒的攻击。而施维德立刻发现商机,当时在人们的交流方式中开始形成一种被他称为"非理论视觉体验"的现象。20世纪90年代初期,"在美国和以色列之间寄送邮件,需要花上两周时间。打电话的话不仅有时差,而且一分钟的话费高达 2 美元。"施维德看到大学里面是如何使用电子邮件的，以及它是如何在互联网基础设施中联系业务的。一场关于电脑安全联网的谈话开始了。他说："这两件事情是同时发生的。"

在服完兵役后，天赋异禀的施维德决定放弃大学学习。他从小就是电脑天才，十几岁开始写程序，读高中时就在地处耶路撒冷的希伯来大学选修计算机课程。所以，与其上大学，他选择在一家以色列软件公司工作。他在这里结识了马里乌斯·纳赫特，后者毕业于以色列国防军精英项目塔尔皮奥特，然后，两人又与程序员施洛姆·克莱默（Shlomo Kramer）结成伙伴。他们赞同施维德的想法——设计一个易于安装的软件程序，让它成为互联网和企业网络之间一个无法突破的缓冲区。1993 年，这三人开始在长达数月的时间里昼夜不停地编写程序，也是为后来的防火墙-1 写代码。

1994 年，他们起名为捷邦的初创公司从一家名为 BRM 科技的以色列软件公司那里获得 40 万美元的资助。下一个挑战是如何从写代码转向实际业务，他们面临着一些艰巨的挑战，其中最主要的挑战是，一开始捷邦不是以公司形式出现的，它实际上只是一个产品，并且只是一个产品的雏形。施维德、纳赫特和克莱默常待在以色列，他们在地理上与主要的美国市场相距遥远。此外，那个时候，互联网对商业和通信的影响才刚刚显现。大型公司直到 20 世纪 90 年代中期才开始广泛联网，而网络安全尚未成为一个备受关注的问题。

第一个障碍是如何让他们的产品在美国落地。和所有以色列公司一样，它要面临本国市场狭小，而地区（中东阿拉伯地区）市场习惯上为以色列公司设置政治、经济障碍的问题。

施维德解释说："首先要打入美国市场，然后再向世界其他地区扩张，这一点很重要，反过来做并不容易。这里的文化很不友好，当出现文化差异时，产品落地就变得困难且遥远。"捷邦所做的第一件事就是在波士顿开通电话应答服务，给人一种公司在美国有员工的印象。施维德在黄页上找到这种服务，他选择该服务是因为它收费合理，且有电子邮箱，可以收发邮件。他回忆说："美国那边接收邮件和传真，然后转发给我们。我从未去过波士顿。那里没有一名员工，也没有一间办公室。电话答录机总是回复：'吉尔不在这里。'"

施维德很快意识到，要想卖出产品，他必须先向顾客展示产品，他更要这样做，因为捷邦离它的目标客户太遥远了。他解释说："人们只会对具体的东西，而非理论存在的东西作出反应。另外，我觉得，如果我们过早公开这个创意，它可能会被别人剽窃。"一开始，他同道富银行（State Street Bank）、高盛（Goldman Sachs）和国家半导体（National Semiconductor）公司的代表见面。捷邦向他们展示产品原型，以获得反馈意见，最终这些公司都成为捷邦的客户。捷邦产品的主要卖点是它方便使用和安装，而且几乎不可能被破解。与当时的大型定制防火墙不同，捷邦的防火墙不需要专家来安装和维护，它是跨系统的标准化产品。捷邦在美国获得了一些战略性帮助，从而使其产品轻松打入美国市场。施维德说："我们三个都是以色列人，有人在帮助我们。"其中一个人是波士顿一家网络服务供应商的销售代表，当客户询问网络安全问题时，他建议客户找捷邦。太阳微系统（Sun Microsystems）公司是捷邦的首批大客户之一，这个公司将防火墙-1安装在它的UNIX服务器上。[2]

1994年，这个年轻的公司开始声名鹊起，而这个用收缩膜包装的网络安全软件正在吸引客户，并为自己赢得声誉。于是，哥伦比亚广播公司（CBS）的新闻节目《60分钟》邀请捷邦用它的防火墙与一群纽约黑客进行现场对决。起初，施维德表示，"我不想参加"。他的想法是，有太多企业家错误地把媒体曝光度当成生意。他说："给父母和朋友看是可以的，但顾客不会因为你上了电视就购买你的产品。"在美国一位市场营销人员的怂恿下，施维德同意让防火墙-1与黑客进行对抗测试。在战斗开始前的48小时，施维德说："每个黑客都在奔走相告，'你听说了吗？你可以攻破防火墙-1'。"节目开始前，当施维德进入他的办公室时，他发现他的系统已经遭遇了6万次攻击。施维德说："但没有一次是成功的。"

1996年，捷邦在纳斯达克上市。几乎一夜之间，一个全球规模的商业帝国诞生了，这是以色列从未见过的。思科系统（Cisco Systems）、北电网络（Nortel Networks）和赛门铁克（Symantec）等知名竞争对手也加入了进来。安全技术行业迅速发展，据一些人估计，到2006年，该行业的销售额有望达到450亿美元。[3]

此后，捷邦在其产品线中增加新的产品，它抓住不断扩大的防火墙市场机遇，比如为流动员工提供公司网络的安全访问途径，让这些员工使用虚拟专用网络VPN、通过互联网远程接入公司网络。此外，它还与诺基亚/伊普西隆（Ipsilon）、惠普和IBM等商业巨头展开合作。研发灵感过去十多年后，施维德说："安全仍是人们的心头大患。"问题在于需要防范的危险越来越多。

捷邦推出防火墙-1之后几年，它不得不应对一系列不断出现的新危险。这些危险给计算机和互联网用户带来新的威胁和安全隐患。除了新技术和商业竞争者的挑战外，它要在对抗经验丰富的黑客和人造计算机病毒方面保持领先地位，而这些黑客在寻找日益增加的技术漏洞方面越发娴熟。可能最臭名昭著的是2000年2月的某一天，这天易趣（eBay）、亚马逊、雅虎和其他一些网站同时遭受黑客的攻击，黑客关闭这些网站，使网站瘫痪了数个小时。"拒绝服务"攻击发生时，大量虚假请求袭击这些公司的网络服务器，使其无法向网站用户提供信息。此外，电脑病毒疯狂传播。1999年，"梅丽莎"病毒使全世界的网络陷入瘫痪。当用户打开电子邮件的Word文档附件时（它会复制电子邮件，将它发送给用户地址簿的前50个邮件地址），携带病毒的电子邮件就会感染计算机。据估计，"梅丽莎"病毒造成了8000万美元的损失。继"梅丽莎"病毒之后，许多极具破坏性的电脑蠕虫病毒开始在互联网上蔓延。2002年夏天，蓝宝石蠕虫病毒被认为是有史以来传播最快的电脑蠕虫病毒，传播过程中，病毒每隔8.5秒数量翻倍，这使它在10分钟内感染大约90%的漏洞主机，造成网络和ATM故障，甚至造成航空公司取消航班。[4]第二年夏天，"爆破者"蠕虫病毒仿效"梅丽莎"病毒，利用微软Windows操作系统的一个漏洞，感染了全球几十万台电脑。2004年初，微软宣布其操作系统出现漏洞，并提供一个可下载的补丁，以防止蠕虫病毒攻击。

回顾自己取得的惊人成就（除了拉马特甘总部外，捷邦还在加州的红木城设立了办事处，其员工数量增长到 1200 人）。施维德说："公司最初的创意来自现实需求和开发好产品的动力。这个产品恰好能保障互联网安全。最开始的时候，我们有一些竞争对手，他们的规模都比我们大，但这没什么大不了的——我们三人拿到了几十万美元的融资。那个时候竞争激烈，现在我们已经开发到第三代产品了。"

捷邦虽然出身一般，却取得了惊人的成功，这对施维德来说没有什么特别之处。他一再提到某个类似于国民口头禅的东西。"人们把高科技视为新事物，但在以色列，创业精神可以追溯到 100 年前。人们创建了这个国家，并且从零开始建设这个国家。在这里，每一个人都是创业者，他们都曾发明过一些之前不存在的东西。人们来到以色列，他们渴望成功。看看如今的以色列，每个人都有五个改造事物的想法，每个人都想要改变、创新。"

关于最终使捷邦建立的那个创意是超前于时代的，但施维德和他的合伙人有勇气、有毅力、有远见，他们领先时代一步，并且预见到市场会跟不上他们的理念。从这个意义上说，没有太多的变化。用一个创意建立了一个小型帝国的、心思活泛的施维德，总是在寻找下一个好的创意。毫不奇怪，他说一切从寻找解决方案开始。"我告诉人们，创新不是一个过程。想法可以出自任何地方，其中一个来源就是客户——他们可以告诉我们他们的需求是什么。我们倾听成百上千个合作伙伴和成千上万个客户的想法。我不是一个容易被说服的人，我自己能想出 20 个主意，我听说过很多种想法，其中大部分都被我排除了。"不是每种想法都是革命性的。施维德解释说："三分之一的想法是可以接受的,但不能带来任何改进;三分之一的想法能够带来一定的改进,但不能带来任何革新;只有三分之一的想法是完全的革新。"通常情况是人们环顾四周,然后采取了不同的做事方法。施维德说:"这好比在厨房里用同样的食材做出一道新菜的厨师。厨房里有五个人,他们手中的食材是一样的,结果他们做出的菜有些好吃,有些不好吃,有些是真的有创意。经营企业,你需要能天天做同一道菜的人,需要能改进菜品的人,也需要能推出新菜品的人。"

捷邦是以色列不可避免的试金石,它出现的时间正值互联网作为人们生活中不可或缺的部分进入大众视野的关键时刻。以色列成为全球高科技中心之一,这并非一朝一夕之事。之所以有这样的结果,是因为以色列人一直对科学、技术、教育和冒险保持着浓厚的兴趣。以色列人与生俱来的心态是创造性地解决问题,这是一种被安全威胁和兵役磨炼出来的生活方式。当然,像美国国家安全局这样的机构也在进行顶级研发,但国家安全局不在美国的军事系统当中。以8200部队为例,很多士兵在服完5年兵役后就会离开部队,那些兵役结束后选择留在部队的士兵除外。服役期间,他们获得的知识和实践经验如果用时间衡量的话,可能相当于正常情况下15~20年所得。此外,他们还能拿到一个学位。他们现在二十五六岁,思想已经成形,开始把世界看作一团有待塑造的黏土。在他们眼里,没有什么是不可能的。他们的工作就是实现自己的愿景——那些只受限于个人想象力的愿景。

当时的世界已经注意到以色列正在进行的各种创新,虽然这些创新没有成为头条新闻,然而,在更宏观的背景下,还有其他因素在发挥作用。退一步看捷邦和其他公司遇到的问题和挑战是非常具有启示意义的。当然，这里面还包括信息技术、互联网和电信行业的爆炸式发展，这些因素为以色列的创新打开了闸门。

几乎从建国之初起，以色列一直是一个让投资者避之唯恐不及、充满变数的国家。然而，进入20世纪90年代以后，开始出现一些积极的变化。先是一个名为优兹玛（Yozma）的政府项目，它的希伯来语意思是"倡议"。优兹玛管理和投资基金创立于1993年。曾经担任以色列工业和贸易部首席科学家、优兹玛项目负责人的伊格尔·艾立赫（Yigal Erlich）解释说："这里有很多的可能性。这不是最难的部分。我们以创业者的国度著称，这里的创业者工作效率高，能够快速完成发明创造，但在这里你是赚不到钱的。"当时政府的想法是，要吸引外国风险资本进入以色列，借此创建一个以色列风险投资部门。以色列政府会为1200万美元的外国投资提供800万美元的政府补贴。五年内，私人投资者可以以折扣价格购买政府的投资额。在第一轮融资中，优兹玛项目成功筹资2亿美元，并创立了10只基金，其中许多基金后来发展成以色列的顶级投资公司。到20世纪90年代末高科技繁荣时期，这些基金的回报率在40%左右。据艾立赫所说，优兹玛项目在10年时间里扩大到掌握60~70只基金，筹资额达到100亿美元。这不仅为以色列蓬勃发展的高科技产业提供了资金，还吸引了许多发现该国潜力和人才优势的外国投资者。1993年开始的奥斯陆和平进程，以及阿拉伯国家对以色列抵制的放松（阿拉伯国家在1945年正式宣布抵制以色列）也起到刺激投资的作用。

突然之间，关于以色列的投资笑话（一个老掉牙的笑话说，"一个人如何才能小赚一笔？答案是让他去以色列投一大笔钱"）被颠覆了。

1996年，优兹玛项目实现了私有化。该项目的成功不仅吸引了投资者，还吸引了许多国家的代表前来咨询。他们来到艾利赫位于拉马特·阿维夫塔（Ramat Aviv Tower）的办公室，这个办公室紧邻特拉维夫的一个购物中心。这些代表来自欧盟、中国、新西兰、墨西哥、丹麦、日本等遥远的地方。艾利赫说："他们想知道我们是如何做到的。"10年过去了，他依然对优兹玛项目成果感到满意。"为什么政府会参与进来？大部分代表对我们的成功感到惊奇，对政府敢于承担风险的做法感到惊讶。"

优兹玛项目刚好出现在俄裔犹太人大举移民以色列期间。在这十年的时间里，大约有100万俄裔犹太人来到这个国家。他们大多受过良好的教育，他们为以色列提供了一个新的、庞大的人才库。这是一种优势，也是一种挑战：短时间内大量移民的到来给国家资源带来巨大的压力，现在，这个国家申请工作的人超过它能提供的工作岗位。具体来说，这里的科学家和工程师比实验室多。为了安置成千上万个精通技术的新移民——这些人最终可能成为门卫、快餐厨师，或者更糟的结果，成为社会福利系统的累赘，政府资助了首席科学家办公室下面的一个孵化器项目。这个孵化器项目于1991年正式启动，它将帮助新移民发展科技类初创企业，为了促进企业发展，它将在为期两年的时间里每年资助其15万美元。项目背后的战略不是单纯地建立职业介绍所，为移民分配工作，而是利用手头大把的人才，给新移民一个机会，让他们自己创造工作机会。

现在，人们敏锐地意识到这种正在进行的创新，它在几年的时间里，使以色列成为各国投资者争先投资的地方。微软、IBM、英特尔和摩托罗拉等大型跨国公司在以色列创建或扩建研发设施，所有资源和人力上的不足又一次转变成机遇。

然而，在捷邦之前，在形势发展跟上以色列涌现出的大量创意之前（使其有可能被培育成比梦想更伟大的东西），有一些拓荒者敢于面对不那么友好的环境。他们在为自己创造机会。耐斯系统（NICE Systems）公司（以下简称"耐斯"）就是这样一家具有开拓性的公司。1986年，从8200部队出来的、在电信系统和通信情报领域拥有多年工作经验的7名通信工程师创立了耐斯。和捷邦及其他许多初创公司一样，他们能够将自己深厚的军事情报背景转化为识别需求并将其应用于民用领域的能力。这个例子涉及如语音通话和视频监控之类的数字信息记录，它们被用在所谓的客户体验管理（CEM）当中。说得直白一点，耐斯就是那句无处不在的语音"为保证通话质量，本次通话将会被录音"背后的公司。

20世纪80年代初，后来成立耐斯的团队与硅谷的美国国防承包商天合汽车集团（TRW）合作了一个项目。事实证明，这次合作对这个通信工程师团队产生了很大的影响。七人团队成员之一、耐斯前首席执行官本尼·莱文（Benny Levin）解释说："当时的以色列还没有高科技文化。我们有国有公司，但没有创业公司。我们七个都是从部队出来的，在四年多的时间里，我们一起做项目，彼此都十分了解。在技能上，我们有很强的互补性，我担任的是团队的项目经理。在美国工作，我们接触到旧金山湾区的高科技。"莱文回忆起他们在那个轻松、惬意、不用打卡的工作环境中见识到的、令人大开眼界的东西："在斯坦福有电子邮件，也有课程。"这就是他所说的开放环境。"我们在那里收获良多，我们对自己说，'我们要在以色列建立自己的高科技产业。'"那个时候，工程师眼里没有产品，他们不知道如何创建公司，也不了解市场和客户。莱文说，尽管如此，他们还是决定先尝试一年。他们知道自己想要建立的是一个让工作非常有趣的公司。

最开始的时候，他们用自己最了解的东西——情报来做生意，与关系良好的公司合作，如天合汽车集团和以色列国防承包商埃尔塔（ELTA）。他们开发了一个发射机定位系统，并把产品利润投入他们当时正在创建的通信公司当中。20世纪80年代末到90年代发生的一系列事件造就了一个显著的变化：数字信号处理和个人电脑开启了后来的IT革命，这场革命不仅改变了通信方式，还促进了信息时代的到来。新成立的耐斯想要开发一种商业通信产品，但它缺乏对市场的了解，更缺乏资本运营方面的知识。

耐斯找到埃德·姆拉夫斯基（Ed Mlavsky），他曾是一名制造晶态半导体的材料学家。1960年，在英国出生的姆拉夫斯基与合伙人共同创立泰科国际（Tyco International）。当莱文前去见他时，他已经是美国-以色列工业研究和发展基金会（BIRD）的执行董事。众所周知，工业研究和发展基金会是一个为实力雄厚的美国公司和拥有互补创新技术的以色列公司穿针引线的组织。根据一项成本分摊协议，工业研究和发展基金会要出一半的商品开发资金。姆拉夫斯基从1979年开始在工业研究和发展基金会工作，14年的时间里，他掌管着美国和以色列高科技公司300多个合作项目的大约1亿美元的投资。莱文向姆拉夫斯基介绍他和他的团队，以及他们的业务范围。他回忆说："我说我们想做商业通信生意。姆拉夫斯基问我，'为什么说做政府生意很难呢，因为它好也是好，不好也是好。所以，你们为什么要走商业路线呢？'他指引我们寻找一个概念和一个可以与之合作的美国公司。"

莱文和他的团队花了几个月的时间与不同公司的代表碰面，试图了解他们需要什么，以及莱文和他的同事能为其提供什么。最终，他们总部与在洛杉矶郊区卡拉巴萨斯（Calabasas）的电信信号处理、分组电话和网络监控公司——泰科来（Tekelec）公司建立了工作关系，他们将联合开发、销售光纤分析仪的原型机。为了开发分析仪的原型机，莱文和其他工程师每天工作20个小时。那是在1991年，正好在第一次海湾战争期间，回想这段时光，莱文说："我们冒了很大的风险。下午，每个以色列人都要提早下班，因为来自伊拉克的飞毛腿导弹晚上就会过来。夜晚时分，我们的妻子会照看孩子，而我们这些男人、工程师们会工作到深夜。"莱文回忆说，有一次，泰科来对耐斯的工程师说，他们应该搬到洛杉矶来完成产品。"我说战争是我们的问题，无论如何，我们都会按时交付。"最后，耐斯在不到12个月的时间里，以惊人的速度兑现了承诺。

他们与泰科来的合作也卓有成效，耐斯工程师仔细研究了这个公司的运营模式。莱文回忆说："对我们来说，它就像一所学校，我们学会了如何开发产品，如何将其引进商业市场——如何定位这个产品。"莱文说,耐斯的投资在一年内看到了回报。一年之内,耐斯又单独成立了一家名为尼斯科姆(Nicecom)的公司开发附加产品,包括用于网络路由选择的ATM交换机。

经过密集的商业活动,耐斯已经为它的下一步发展做好了准备,这个过程很有启发性。莱文解释说:"一旦你明白市场需要什么,你要么和巨头竞争,要么把产品卖掉,这有助于我们重新聚焦。于是,我们积极地制定战略。"他们就是这样去获得下一个重要经验的。他们不想成为一个"跟风"的公司,同时他们意识到在那个时候很难与思科这样的商业巨头正面竞争。莱文解释说:"我们不想成为大游戏场的一个普通玩家。我们的战略是合作并开发小众产品(利基产品)——这种产品对大公司来说市场太小了,但对以色列公司来说却非常有吸引力。"1994年,他们以6000万美元的价格将尼斯科姆公司卖给软件和网络硬件巨头3Com公司。莱文说:"3Com急需这种技术,该公司在以色列建立了分公司,在长达三年的时间里,它每年出口价值1亿~3亿美元的产品。"

耐斯的下一次入市巩固了它作为全球玩家的地位,同时也展示了它寻找解决方案、推出创新产品并快速部署运营的品牌竞争能力。在此之前,记录声音和商业数据需要一个缓慢且笨拙的过程。耐斯的工程师在军队中有开发通信系统的经验,他们推出一种商用数字录音系统,该系统与当时使用的大型卷盘模拟磁带相比是一个巨大的进步。

耐斯的工程师敏锐地意识到需要更快、更好的数字记录应用程序。他们先将目光转向华尔街金融市场,因为那里使用巨大的模拟磁带来记录交易信息。这个过程极为低效：为了找到一段信息，用户需要从头到尾收听录音带。检索想要的对话或单词可能需要几个小时，庞大笨重的磁带也需要储存空间。于是，耐斯推出一种在个人电脑上进行数字记录的方法，它还在美国建立了滩头堡——在纽约开设一家小型附属公司，从而实现与其客户群体的密切合作。莱文表示，作为一家以色列公司的职工，他们竭尽所能地克服地理和文化上的障碍："我们甚至把自己家的电话号码都给了客户。"他们的第一个客户是德意志银行。莱文说："它真的在和我们一起冒险。"很快，耐斯的客户群体扩大到其他金融机构和大的呼叫中心。

1995年前后，耐斯取得重大突破。当时，美国联邦航空管理局（FAA）宣布它要安装一种新的记录系统，世界各大公司都发出了投标申请，包括当时的商业巨头录音机（Dictaphone）公司。最终，耐斯拿下了美国联邦航空管理局的订单。莱文说："联邦航空管理局最终选中我们确实对我们的发展产生了很大的影响。"到2003年，美国联邦航空管理局已经装上了耐斯系统，以记录飞行员与全国将近700个控制塔和雷达室的空中交通管制员的对话。[5]莱文说："我们的战略是进入美国市场。如果你能占领美国市场，你就能占领世界市场。"总部位于特拉维夫北部赖阿南纳市（Ra'anana）的耐斯不断扩张，陆续在新泽西州的拉瑟福德（Rutherford）、英国、法国、德国和中国香港建立子公司。它的生意迅速发展起来：莱文说，从1994年到2000年，耐斯的销售额每年增长50%。

耐斯是客户体验管理领域公认的市场领导者，65%的《财富》100强企业使用的是耐斯的电话录音软件。耐斯的软件将硬盘上的录音进行数字化、压缩和存档处理。这些录音是加密的，只能在专用软件上播放。但是，耐斯不只局限于录音产品的质保，还不断更新产品。其软件所履行的功能实际上给予使用它的公司一种竞争优势。这些功能包括单词定位，筛选声音文件中诸如"取消我的订单"或"注销我的账户"之类的词汇。当提到竞争者的名字时，软件也会发出信号。如果客服人员或者打电话的人变得愤怒或紧张，耐斯的程序会将其捕捉。在这种情况下，通话记录会被发送给某个主管。[6]该软件可以用多种方式分析通话，从而为公司提供一种客户行为档案，其中包括客户为什么购买某种东西或者为什么解除其与委托人关系之类的信息。与此同时，它可以让呼叫中心经理监控客服人员的工作情况，让他们知道谁需要帮助，或者谁工作做得好。此外，该软件缩短了一天中需要分析的、可能多达数千个电话的时间。

耐斯的客户群体分布在各行各业，其中包括联邦快递（FedEx）、嘉年华邮轮（Carnival Cruise Lines）、时代华纳有线（Time Warner Cable）和英国零售业巨头乐购（TESCO）。2003年，耐斯的创收增长了44%，达到2.244亿美元。

除了客户体验管理领域，耐斯并没有完全偏离其军事情报渊源。它推出一系列针对国土安全和通信情报的产品，包括实时通信监控、短期和长期归档、深度分析工具和先进的信息管理系统。它的"老大哥"式功能包括识别、定位、监控、记录从不同地方传输的信息，以及监控电子邮件、网络聊天、即时消息和IP语音等网络流量的能力。2003年，该公司推出一款监控并分析活动状况的视频监控摄像头。据报道，它借助政府机构使用的技术，通过记忆场景和理解重复性动作来判断一个包裹是否被遗弃在机场等公共场所。[7]在推出不到一年后，耐斯宣布接到一份大订单，为美国一个大型机场安装它的数字视频安全产品。

很明显，军队对以色列高科技产业的发展产生了难以置信的巨大影响。在以色列，军队代表着一种生活方式，而高科技就是这种生活方式的集中体现。它从那种久经考验的应对实际问题、寻找解决方案的能力开始，这种能力首先被应用到运营需求上，之后被应用到商业领域。当然，这引发了一场关于军队，特别是8200部队到底传授什么知识的内部讨论。许多退伍军人组成的公司是在军队的外围开展业务。关于军转民的问题已经有过一些迂回的讨论，军队保留着特殊领域的专利权，比如加密技术，但在不相关的领域开展工作已经成为一个热门话题。法律禁止传播军用技术专利，但是，正如以色列军事情报局负责人法卡什少将所说："这些工程师太聪明了，他们总能找到绕过专利权的方法。"

在以色列，有很多人认为这些士兵应该向军队支付专利费，也有一些人认为国家最终从这些人的成功中获益了。从某种意义上说，这些人的成功造就了一个持续的分居两端的人才曲柄。以色列在8200部队周围打造了这样一种光环，以至于该部队成为年轻新兵最向往的部队之一。他们想要进入这个部队，因为他们看到了它在民用领域的成功。

8200部队的大部分退伍士兵都试图解释，该部队的技术发展与民用领域出现的各种创新之间只有粗浅的联系。也就是说，比起拿走计算机代码或软件系统并将其商业化，他们带到民用领域的更多的是某种批判性思维以及在技术领域解决问题的方法。莱尼说："听我说，真的没有必要复制我们在部队里所做的事情，我希望大家不要这么做。你学到的是实实在在的知识，有创造力的人会把各种想法抛到九霄云外，会和朋友集思广益，然后想出一个绝妙的创意，再然后他们把该创意付诸实践。这与他们在部队做的事情没有任何关系，这是文化的一部分，这是你的个人能力。"

这种观念在特拉维夫的贝内贝拉克（Bnei Brak）社区生根发芽，这里大部分是工业区，有一块正统派哈西德派犹太人的飞地。然而，ADKiT公司不起眼的办公室就在贝内贝拉克火车站附近的一座小楼里，ADKiT是高级套件（Advanced Kit）的缩写。1988年，在以色列出生的赫奇·拉维（Hezie Lavi）回到以色列，建立ADKiT公司。他曾在美国担任文案编辑和广告经理［曾参与希伯来民族运动"你就该这么高效"（You Should Be So Lean）］，他还涉足信息行业，挖掘市场数据，然后把数据卖给企业。当然这是在互联网爆发以及随之而来的数据挖掘和搜索引擎出现之前。ADKiT公司从事的是劳动密集型工作，包括在海量的信息、财务报告和涉及市场和企业的数据中筛选有用的信息，寻找客户在全球的竞争对手的信息，并为其撰写厚重的报告。然后，互联网出现了，它为拥有键盘和在线访问权限的人打开了窗口，让他们看到几乎无穷无尽的信息流。这种现象实际上使ADKiT公司变得无关紧要。拉维回忆说："我的公司处境艰难。客户说，'我们不需要你了。'这是一场真正的危机。"也许这已经成为以色列人的套路，拉维补充道："危急时刻出现了转机。"

1996年，拉维向一个战略顾问小组诉说他的困境，并探讨ADKiT公司的未来。当时互联网正成为该公司的一大威胁，但其中一名顾问表示，这同时也是个机遇。如果你找的人能从网上获取大量可用信息，从中找到最有价值的资料，并为客户整理出来，这可能成为一大优势，而非劣势。事实证明，这个特别顾问就是出自8200部队。拉维回忆说："我当时并不知道8200部队是干什么的。"

这个顾问询问拉维，他是否知道"这些特殊孩子可以搜集大量的信息，弄清信息的意义，并对其进行归纳总结。他们可以"，他把那句格言颠倒过来说，"从森林中看到树木"。这些"特殊孩子"刚好是从8200部队退伍的年轻人，他们从事分析工作，筛选大大小小的数据，并将其制作成一张对决策者有用的图片。这就是ADKiT公司重组的经过。

拉维回忆说："他把一个'孩子'的电话（号码）给我，我们谈了两个客户。"第一个客户是一家销售无人机设备和服务的公司；第二个客户是以色列的一家大的服装零售商。这个"孩子"大约23岁，他不久前刚从8200部队退役。他现在是一名大学生，正在寻找上学期间勤工俭学的机会。拉维交给他一个任务：他要尽量整理好所有涉及无人机行业的公开资料和现成信息，并确定哪些比较重要。之后拉维将带他去见客户。拉维说："会面前一晚我整夜未眠，这是一个你能为我做什么，你能教一个一辈子都在做无人机的人关于无人机知识的例子。"事实证明，我们有很多东西可以教、可以做。"我们能为他们展示他们从未注意的东西。"

因为沉浸在日常工作当中，这个公司忽略了许多重要的机遇。先是出现在加拿大市场上的一个机遇。拉维说："我们向他们展示这里有一个潜在的大合同。"与此同时，他们已经失去另一份合同的投标机会。拉维解释说："当一家公司发出投标请求时，大部分情况下已经为时晚矣。我们的设想是，在合同招标前努力获得关于它的所有信息，我的员工围绕整个无人机市场、产品和相关内容创建了一个网站。"这个网站包含所有道听途说的信息，既有后来证明包含有用信息的谣言，又有让人虚惊一场的警报。"外面有许多信息。"通过追踪这些信息，对其进行分析，并挑出最有用的信息，他们可以在商业机会公开前抢占先机。

一个新的业务就此开始了。拉维成立了一个名为卡曼（KAMAN，情报官的希伯来语缩写）的团队，这个团队则招来其他刚从8200部队退伍的士兵。这一切都是通过口头宣传实现的。如今，拉维和8200部队的15名退伍士兵组成的核心团队展开合作，他们分别负责不同行业的特定客户，从电信到乳制品，不一而足。ADKiT公司将卡曼团队描述为"商界的个人知识管理者"，以及"商界的智能眼睛和耳朵"。这些卡曼成员"吸收、消化所有相关信息，并从更广泛、更客观的角度来解读这些信息"。在此过程中，他们浏览了大量的数据、创意、广告和促销信息，包括广播和印刷媒体上的信息。然后，他们从中筛选出最重要的内容，并为每位客户量身定做一份令人信服的报告。从本质上说，拉维建立的是一个企业情报团队，它将分析、搜索（以色列）敌人活动的方法，运用到传播、呈现一个公司或企业的全球竞争者的可行性活动上。

"9·11"事件发生后，一家致力于科学技术商业化的以色列国有公司联系 ADKiT 公司。拉维解释说："我们找遍整个市场，看看有什么东西可以提醒人们注意'脏弹'。我们发现小型辐射探测器具有一定的市场潜力。"在请求发出一个月内，ADKiT 公司将报告和建议摆到客户的办公桌上。现在，该公司在世界各地销售这些"脏弹"探测器。

奥利、里奥尔和乔纳森（Jonathan）都在两到三年离开了部队，他们在特拉维夫或耶路撒冷的大学学习，最终在朋友的引荐下一起来到 ADKiT 公司工作，这个朋友也是 8200 部队的退伍士兵，后来成为拉维的员工。这三个人一致认为，在军队和民用商业领域获取情报的需求有着某种显著的相似性。奥利这样描述这个问题，身穿制服的时候，"我们掌管着如何获取情报，我们的责任是确保情报内容准确无误"。乔纳森补充说："我们是基地资源的管理者。在这里，你是自己的客户。因为这里是军队，他们需要情报，而你要确保情报产品是充足的。在情报的海洋里你可以提供情报，但最重要的是作为资源组织，你要确定谁应该得到最重要的情报。"

如今，在企业情报的战壕里，三人惊讶地发现，商界不明白情报的重要性，不明白它在企业蓬勃发展、抢占先机，抑或取得成功中发挥的关键作用，在这方面它要远远落后于军方。乔纳森说："商业情报确实落后于军事情报，就连大公司也是如此。他们不明白情报的作用。"奥利进行了一个类比："军队在了解敌人动向方面花的钱比在士兵身上花的钱多。"乔纳森继续说，"在军队中，最主要的战争正在从常规战争转向打击恐怖主义，而且，与过去相比，应对恐怖主义更加依赖情报。面对恐怖主义,你必须时刻不停地搜集情报,要追求速度,要把它列为优先项。在恐怖主义问题上,没有情报是无法做任何决定的。"受过这种训练的乔纳森发现很难不这样思考问题,他说:"好吧,一个不基于情报分析的决定是很奇怪的。"

没有人选修过 MBA 课程或者拥有经商经验。在现在这些需要经常咨询主管的行业里,他们没有任何实践经验。他们有的是收集海量信息、筛选其中最关键的信息,并将这些关键点串联起来的能力。里奥尔解释说:"我可以阅读相当于 600 页或 700 页财经杂志那么厚的项目书。我知道不能慌乱。我要了解这个项目,记下重要的词句,并以易读的方式将其排列组合。我需要 50 个小时来了解一个新的主题并作陈述。"此外,他们还把军队中许多根深蒂固的思维方式应用到商业领域。乔纳森解释道:"因为简单地说,这是异曲同工的。这是一个非常容易的调整,而他们的要求是提供商业信息。"

例如,乔纳森和奥利在为一家大型电信公司做项目时发现,他们把一半的时间花在从新闻媒体上搜索与该行业相关的,特别是与该公司相关的文章,并对它们进行归纳总结上。乔纳森解释道:"时间是种宝贵的资源,我不应该这么做。"于是,奥利编写了一个可以自动执行相同功能的小程序,这使二人得以解放出来,把时间花在其他方面。奥利认为,他在 8200 部队的那段时间与其说让他获得了做小程序的能力,不如说让他获得了做小程序以节省时间的认知。奥利说:"我们不是简单地接受现实。我们是这样工作的——如果你想花一半时间做某件事情,那么你要想出能够节省一半时间的方案。这种观念在8200部队中非常流行。我来自一个敢于改变现状的地方。"

毫不意外,ADKiT公司借用了阿尔伯特·爱因斯坦的至理名言:"天才就是知道该把目光投向何方。"

第十一章
迎难而上

> 特拉维夫，21世纪……

进入21世纪后，以色列国防军和它的精选技术情报机构，特别是8200部队，不得不投入战斗。负责国家安全的精英部队为了争夺人才而大动干戈，8200部队在发掘聪明人的原始潜力方面做得如此出色，以至于它发现为了留住士兵，不得不与其他机构展开竞争。虽然部队有意采取模棱两可的政策，但它培养的士兵在国内外各大企业和投资者那里备受追捧。8200部队通过培养一代又一代的创新者为以色列高科技产业打下人才基础，它也成为一个培育人才的摇篮，以至于许多外部力量希望从它过去几十年开发的人才系统中获取利益。现在，国防军的将军们接到一条重要指令：制订一个行动计划，以留住部队中最聪明的士兵。

以色列令人敬畏的国防力量起初致力于保家卫国（它的这个基本任务并没有被淡化），同时使这个国家作为重要的高科技中心跃居世界舞台。从某些方面讲，作为该国最重要的智力孵化器之一，8200部队已经做得非常成功了。它在炮火中培育大量发明家和思想家的动态过程，最终成为把军队机敏、独立的思维方式应用到创新领域的重要因素。事实证明，这个孵化器也成为创新导向型经济腾飞的催化剂。世界为之瞩目，人们不再因为战争、冲突，以及对受害者身份和国家地位的叙述而关注以色列，他们想要分一杯羹。

这个只有600万人口的国家在巅峰时期孕育了大约4000家初创企业和高科技公司，这很大程度上源于它永不停息的军事和国防需求，以及个人利用和改造技术的能力。数字时代，对保护电子通信隐私、保障商业贸易安全至关重要的安全代码和安全应用最初起源于为军事系统开发的技术。虽然一直以来美国在技术和人力资源方面具有明显的优势，但以色列人擅于把自己的聪明才智应用到他们独特的环境当中，他们总能找到巧妙、机智的方式将各种好的想法商业化。他们将军事技术应用到民用领域，由此产生了一系列世界级无线电和电信技术产品，包括带宽压缩、数字记录和数据检索系统、搜索引擎、安全软件、小型卫星、射频识别标签技术、信号处理和高速宽带数字传输产品等。

一系列重要因素的汇集导致2000年发生了许多改变。奥斯陆和平进程进入到第七年。2000年7月，以色列总理埃胡德·巴拉克在马里兰州的戴维营会见巴勒斯坦领导人亚西尔·阿拉法特和美国总统比尔·克林顿，目的是如人们所期盼的那样达成巴以最终和平协议。就在几年前，外国投资者还把投资以色列看作是把一枚25美分的硬币扔进下水道里，然后看着它在那里打转，而现在，在充满希望的政治发展前景和从该国发出的创新裂变的驱使下，他们开始向以色列投入大量的资金。投资、政治发展和创新的结合就像一个不断拉开的手风琴。在新经济增长的鼎盛时期，2000年，513家以色列高科技公司募资33亿美元。[1]就在八年前，也就是1992年，他们的注册资金只有8100万美元。[2]曾是以色列首席科学家、双子座基金（Gemini Israel Funds）投资合伙人的奥纳·贝里（Orna Berry）告诉硅谷的高管们，在这期间，以色列高科技行业的销售额占GDP的比例从5%增长到15%。[3]

简单地说，几个好的创意在短短几年时间里就能让这个国家发生翻天覆地的变化。几十年来，以色列经济一直承受着世界上最高的人均外债和高得惊人的通货膨胀负担（一度达到500%）。其经济依然坚挺在很大程度上归功于美国的援助，所以，以色列人经常开玩笑，说以色列是美国的第51个州。以创新为动力、靠"新经济"政策拉动的以色列经济改变了这一切。实际上，以色列在其卓有成效的大学里培养了大量的工程师，它还在深思熟虑之后及时采取措施，充分发挥接踵而来的俄裔犹太移民的聪明才智，但不可否认的是，这些活动都有一个共同的根源，那就是以色列国防军，以及国防军中一组反复出现的数字：8200。

21世纪初，以色列国内对和平的讨论首次盖过对战争的讨论，报纸上到处都是以色列公司与西方大公司进行巨额交易的消息，连空气中都弥漫着变革的气息。就当时而言，巴以结束敌对状态似乎指日可待，还有公开讨论义务兵役期将减少6个月的说法。通过服兵役来为国效力的坚定决心突然让位于热切地追逐个人利益，就在这个时候，职业军人看到他们之前的战友开发产品、创办公司，成为百万富翁（尽管很多人只是纸面上的百万富翁）。可用工程师的数量跟不上令人眼花缭乱的发展和活动。公司开始公开招聘精锐部队的士兵，特别是8200部队的士兵。士兵中很多人看到之前的战友在民用领域大放异彩，迅速致富，他们听从了这些人的召唤。

退役少将、军事情报局局长阿莫斯·马尔卡（Amos Malka）回忆说："就是在这个时候，让人才留在军队变得十分困难。"在巴以即将达成真正和平之际，对爱国责任感的呼吁远没有成为下一个吉尔·施维德具有吸引力。军队发现它很难与民用领域的高薪、股票期权、奖金和对未来财富的承诺一争高下，许多士兵等着离开部队。令指挥官们沮丧的是，这些公司主动打电话给部队，咨询哪些士兵即将退役。许多士兵在服役期间就开始向风险投资家们推销他们的创意，在军事系统中彻夜劳作的士兵会在报纸上看到前战友的信息，还会看到一项技术应用到民用领域后很快就以数百万美元的价格出售。

看着大批士兵离开军队，以色列国防军人事处负责人耶胡达·塞格夫（Yehuda Segev）少将评论说，军队和商界的战争即将爆发。他公开表示："我们正处在一场战争当中，民营经济已经全力以赴。"[4]解决专业问题的人也有自己的问题需要解决。从某方面讲，以色列国防军的成功让它自掘坟墓，于是，它适时地采取行动。

国防军最隐秘的部队做了一件令人大跌眼镜的事情——他们开始公开招募新兵。事实证明，它最公开的一次行动是由它最隐秘的机构之一摩萨德开展的。就在几年前，曝光摩萨德局长的名字还是违法的。但是，2001年春，摩萨德公开在《以色列日报》上发布广告，隐晦地为它所谓的技术部招聘13名电子工程师和计算机专业毕业生,而该部门是摩萨德保密了30年的部门。[5]招聘广告问潜在的求职者:"你想开发复杂的技术工具吗?你想寻找每天都有新挑战的工作吗?摩萨德技术部欢迎你,让我们一起创造秘密技术。"它要求感兴趣的人把简历发到特定的传真号码或电子邮箱里,并注明国籍和身份证号。

8200部队也在悄无声息地开展自己的猎头活动。在一次非同寻常的、无所顾忌的活动中,它像银行或会计师事务所一样,在特拉维夫大学的招聘会上设了一个摊位,以寻找有实力的大学毕业生。CodeGuru是面向15~18周岁高中生开展的全国计算机竞赛活动。据说,8200部队的退役老兵,以色列软件安全公司阿拉丁(Aladdin)和著名的魏茨曼科学研究所(Weizmann Institute of Science)都是CodeGuru的赞助商。这个年度竞赛吸引了成千上万的青少年,为了获得参赛资格,他们要先在网上解答一个电脑谜语。只有100~150人能通过初始阶段的考试,通过的学生受邀参加在特拉维夫举行的比赛,在那里他们将接受数学、计算机技能、逻辑和编程方面的测试。一等奖有3个名额,而排名前10的人可以获得包括笔记本电脑和打印机在内的奖品。

另一个默认奖品就是这些年轻的电脑奇才可以通过竞赛接触8200部队。众所周知,8200部队的一些退役老兵曾经参与举办竞赛。很明显,与CodeGuru的联系有助于增强该部队难以捉摸的吸引力。CodeGuru的一位组织者曾解释说:"竞赛资助有才华的年轻人。如果你支持、鼓励、帮助年轻人开发他们的天赋,他们最终会让高科技产业受益。"他还补充说,竞赛组织者与8200部队建立起某种重要的非官方联系。"甚至允许其中一些人向军方展示他们的内部资料,这有助于军队为其情报部队选拔人才。由于军队不能举办竞赛,我们起到了居间作用。"

然而,军队面临的真正考验与其说是寻找新兵,不如说是留住已经入伍的士兵,这已经成为一种自上而下的战略要务。问题是如何在留住最有天赋的军官和不完全阻止想要离开的人之间保持微妙的平衡,毕竟,军队在某种程度上承认它在向民用领域输送技术创新者方面发挥了重要作用。面对民营经济领域的巨大诱惑,军队必须想办法让军人职业成为一种吸引人的、有回报的职业。为此,军队出台了一系列激励措施,先是改善军人的工作环境,使单调的、功能性的、具有军队特色的外部格局和内部装饰变得更加接近创业公司的审美。另外,为延长服役期限的军官发放津贴,以前只给中校及以上级别的军官配备汽车,现在汽车作为诱饵用来留住那些有才华但军衔较低的士兵。在金融竞技场上,以色列国防军也在进行一场几乎不对等的竞争,它未必能在金钱方面与私营企业较量。和以往一样,它的主要吸引力在于军人的爱国情怀、对国家的责任感,以及能够操作特定系统(这些系统只在军事环境中使用)——这成为一些人在民用领域获得成功的跳板。

问题在于动机。虽然金钱是种不可否认的激励因素,但它的作用有限。为此,军方做了一些研究,它发现还有其他一些重要原因促使这些人留在军队。只在特定军事环境中出现的挑战是无与伦比的,然后是个人满意度、参与感和晋升的问题。国防军参谋长承认需要重点关注技术兵。事实证明,留住士兵的关键在于缩短晋升时间。中校军衔是一个瓶颈，达到这个级别后很难获得晋升：职业军人从 18 岁开始服兵役，在获得肩章上梦寐以求的条纹前，他们有很长的路要走。马尔卡回忆说："我把两个聪明的家伙提拔为中校。三年后，他们竟然晋升为大校。"这在队伍中引起轰动，据马尔卡所说，这样做是为了向那些二十七八岁、有才华的、积极向上的士兵传达一个信息，"如果他们着眼未来，他们可以在 4 年内，而不是在 14 年内成为一名中校"。"这是技术部队晋升机制的一个转折点，它的模式就像初创公司。如果你足够优秀，即便年纪轻轻，你也可以获得晋升——不用等上 8 年时间。"

要想办法让士兵感到满意并留在军队，对这个问题的讨论一直是公开的。有人说要与私营高科技群体建立某种互惠互利的关系。马尔卡解释说："我们清楚了问题和挑战，减少了损失，留住了足够多优秀、聪明的军官，同时也延缓了士兵离开军队的势头。"

之后，形势急转直下。在不到两年的时间里，一切发生了翻天覆地的变化。正当军队找到有效办法、防止士兵跑去创业时，繁荣让位于萧条，众所期待的和平再次让位于冲突。在促进国家财富增长的同时，以色列高科技部门也与全球经济中最变幻莫测的部分捆绑在一起。当市场起飞时，以色列经济随之起飞，当市场崩溃时，以色列刚刚兴起的高科技产业也陷入萧条，受打击尤为严重的是以色列 IT 界的标杆——电信部门。在极短的时间里，那些因成功而忘乎所以的公司现在都在艰难求生。排名第二的卫星通信网络制造商、曾被美林证券（Merrill Lynch）的一名分析师誉为卫星界思科[6]的吉来特卫星网络（Gilat Satellite Networks）公司公布了一则与众不同的消息。2003 年，该公司宣布，它正努力重组一笔金额巨大的债务。可能最具戏剧性的是城域光网络系统公司 Chromatis 的故事。2000 年 5 月，Chromatis 以一己之力抬高了以色列公司的收购门槛，当月，朗讯科技（Lucent Technologies）以 45 亿美元的价格收购 Chromatis 的股票。然而，几个月后，朗讯科技的股票经历了巨大的死亡螺旋，这使它收购的 Chromatis 股票缩水到其原始价值的 10%。在这桩声势浩大的交易登上新闻头条不到一年后，朗讯科技宣布全面关停 Chromatis。

就像经济一样，似乎看到了巴以和平的曙光，但在灾难性的戴维营会议和紧随其后的第二次因提法达的共同作用下，和平的希望也很快破灭。现在的以色列不得不双线作战：一条战线是纳斯达克；另一条战线是纳布卢斯。

如果说在以色列有什么是确定无疑的，那就是变革的活力。以色列人的心态是在不断变化的环境中磨炼出来的。持续不断的战争威胁造就了一批拒绝认输的战士，而高科技产业之所以蓬勃发展是因为它符合以色列的军事情报思维模式。锻炼这种思维模式不仅需要经常性地、快速地、创新地解决问题，还需要这样一种信念：当被告知某事是不可能时，这是机遇，而不是结局。在以色列，人们不会因为"不"这个词而选择放弃，这被视为一种激励和挑战。新的时期，以色列面临新的问题，伴随这些问题而生的是一系列新的机遇。

在陷入低谷的那段时间里，以色列人保持低调。在这期间，他们对弥漫硅谷的贪欲并非完全免疫，然而，当纸上财富化为灰烬时，许多人选择坚持下去，战斗到底。这个时期，员工们时常领不到薪水，但他们依旧坚持工作。从某些方面说，以色列能够更好地抵御这些沉重的打击，因为许多人想要坚持下去，建立强大的公司。另外，他们的公司是以技术为基础的，靠的是能够使互联网和通信服务运转得更好更快的基础设施。此外，以色列人习惯了在压力下工作，习惯了在危机中寻找转机。实际上，以色列已经没有退路。它的经济遭受重创，失业人数急剧攀升。与此同时，这个国家再次卷入战争，与巴勒斯坦人的低强度冲突似乎每个月都在不断加剧。

* * *

在重创以色列的一连串危机，以及在这些危机中诞生的潜在机遇中，最引人注目的要数拉维（Lavi）项目。1980年，以色列宣布它将开发自己的先进战斗机拉维（希伯来语意思是"狮子"）。以色列曾参照法国幻影战斗机开发了内舍和幼狮两款战斗机，但因为经济成本过高，多年来，以色列一直选择从美国购买F-16之类的战斗机。收到飞机后，他们再根据需要对飞机进行改造，并配备自己特定的航空电子系统。

拉维是以色列设计的战斗机，它采用美国专门为其定制的喷气式发动机，它是迄今为止以色列耗资最多、最雄心勃勃的武器开发项目。从一开始，美国就直接参与到拉维项目当中，不仅为它提供资金，还转让了制造这种先进飞机所需要的特定技术。美国政府同意转让技术，同意把每年2.5亿美元的美国军援预算用于该项目，而不是进行以对外军售（Foreign Military Sales，简称FMS）而著称的常规安排。[7]最初的计划是从1990年开始生产300架飞机，之后每年生产24架。

几乎从一开始，拉维项目就招致了诸多非议，美以两国民众对该项目的批评和担忧可谓是数不胜数。项目实施三年后，拉维项目的预估费用从 7.5 亿美元的研究成本和每架飞机 700 万美元的制造成本增加到大约 23 亿美元的研发成本和每架飞机 1550 万美元的制造成本。[8]这个项目被斥为纯粹的吸金项目，美国人愤怒的原因是它为这个项目投入越来越多的钱，还转让了前所未有的先进技术，据说，美国国防部以担心技术再出口为由反对该项目。在以色列，这个项目却激起了巨大的民族自豪感，但这种自豪感并没有减少以色列国内对其必要性的争吵和批评，当然还有它不断增加的成本。最主要的批评在于这个项目造价过高、开发缓慢，消耗了过多的军事预算。对比购买美国战斗机的价格，继续研发拉维战斗机的高昂成本遭受各方的质疑。

1983 年，美国审计总署（GAO）经过调查研究发现，所谓的拉维战斗机看起来很像 F-16 或 F-18，而以色列不具备资金或技术开展如此大规模的项目。[9]美国审计总署和预算管理办公室（Office of Budget Management）的委托研究指出，拉维项目的预估成本将远远超过最初的预算。到处都能听到取消拉维项目的呼声。而在以色列，取消项目的呼声在全国引起轩然大波，因为人们担心放弃该项目将使以色列经济陷入瘫痪，这是因为负责该项目的以色列航空工业公司是以色列劳动力最大的雇主。所以，他们担忧的是，当以色列航空工业公司遭受重创时，其损失将波及其他部门。据报道，大约 4000 名以色列航空工业公司员工被分配到拉维项目组，另外还有 1000 人在研究与拉维相关的系统。

1986年，第一架拉维原型机顺利起飞，但是一年后整个项目急转直下。在巨大的政治压力下，在美国和以色列围绕其前景和问题的内讧中，以色列内阁投票取消了该项目。正如人们所担心的，项目取消后，以色列航空工业公司不得不大幅裁员。但是，同预期的经济瘫痪相比，拉维项目的取消反而演变成一个重大的机遇，它引发了一波从以色列发出的技术创新浪潮。在拉维项目存续期间，数千名工程师在航空航天技术、电子和武器系统的前沿领域攻坚克难。拉维项目就像为工程师准备的高科技训练营，它处于以色列技术基础设施的顶尖位置。项目取消后，参与项目的员工被遣散，他们流入市场，寻找其他可以施展自身才能和总结自身经验的地方。许多人从以色列移民到国外，来到硅谷等地。

其他人则选择留在以色列。该项目对一些先进雷达系统、精密武器系统、无人机项目、以色列卫星项目和一些商业技术公司的影响已经得到认可。拉维项目的终结是一个新时代的开始，虽然该项目在某些方面仍然存在遗憾，但它也被描述为以色列高科技产业的最佳驱动力之一。

以色列人想要研发属于自己的先进战斗机，但他们空有梦想，缺乏实现梦想的能力。这一努力受制于成本超支、政治和国内外的反对因素。至于项目成功会发生什么，项目失败会发生什么，人们做了各种悲观的预测。结果不完全如预期那样，这或许可以充当兹维·拉尼尔（Zvi Lanir）博士所说的"历史不等于未来"的例子。

拉尼尔曾在以色列国防军做了20年的高级情报官员，他还是实践研究所（Praxis Institute）的所长和创始人。实践研究所创立于1994年，它与私人、企业、政府和军队客户合作，"重塑他们的思维方式，创造新知识，以便在根本性变革中保持相关性"。实践研究所的办公室位于特拉维夫北部一栋公寓楼的顶层，它离老港口很近。这里的氛围完全不像研究所，相反，它有种家的感觉，有柔和的灯光，舒服的沙发和石头壁炉。从乌西斯金街（Ussishkin Street）的高处，可以清楚地看到不断扩张的城市，再往外可以看到雅孔（Yarkon）河和地中海。身材瘦弱、和蔼可亲的拉尼尔穿着宽松的毛衣和灯芯绒裤子，他看上去像一位大学教授。

实践研究所的建立是基于拉尼尔做情报分析员时提出的建议，当时他被分派任务，调查以色列未能预测埃及和叙利亚会联合发动突袭、挑起赎罪日战争的原因。最初，以色列国内所有的指责都落到情报工作上。拉尼尔获得完全的酌情决定权，可以查看战前、战时以及战后的所有情报资料和详细分析材料。他得出不一样的结论。他解释说："我们有情报，只是我们未能做出正确的分析。研究和搜集工作受到指责，这并不稀奇，"9·11"事件之后也是如此。"在评估所有信息后，拉尼尔解释说："这是一个堪称完美的情形。根据定义，数学上是不存在完美情形的，但你可以无限接近它。"他继续说，"我们掌握的情报几乎是完美的，尽管如此，我们依然感到意外。"拉尼尔研究并比较了赎罪日战争与历史上的其他耻辱事件，如珍珠港事件以及二战期间纳粹集团入侵苏联的巴巴罗萨行动。拉尼尔发现，在这些事件中，虽然受攻击国家对即将发生的事情了如指掌，但当事情真正发生时，他们依然感到意外。

拉尼尔从意外与近乎完美的情报之间的缺口出发。他说：

"你掌握的信息越多,不确定的程度就越低,所以我继续寻找这个悖论的答案。"他想出两种类型的意外。第一种是情境意外,指的是一个人掌握了相关信息,但忽略了数据或者没能正确地分析数据,比如说车祸。"我知道汽车可以从一边开到另一边,但是当我被撞时,我还是感到惊讶。"第二种是基本意外:这种情况下发生的意外不是因为缺乏信息,而是因为一种与环境或对事件的理解不相符的思维方式。以赎罪日战争为例,埃及和叙利亚军队的集结,以色列人截获的关于埃及部署军队跨越苏伊士运河,并部署防空导弹,以防其本土遭到以色列空袭的"喋喋不休的声音"都是明证,但以色列人依旧不相信他们即将陷入战争泥潭。尽管有许多明显迹象表明,埃及人正要发动战争,但以色列人依然坚信,阿拉伯人不会打一场他们无法取得压倒性胜利的战争。拉尼尔将这种情况描述为"突然之间,思维模式无法适应环境,情报解决不了问题,因为你在用原有的观念来评估情报"。换句话说,历史不等于未来。

拉尼尔创造了"基本意外"这个词来描述这种现象,他还在1983年出版了同名书籍。就像在战争中一样,基本意外会发生在许多领域——尤其是在商业领域。多年来,人们发明了许多工具,用来改进搜集和分析情报的方法,而在大多数情况下,解读情报的思维方式和方法相对来说停滞不前。拉尼尔解释说:"我们重视符合已有观念的情报,它取决于你所掌握的情报。如果可以用恰当的概念来解读情报,那么它只会强化我的固有概念,而不一定强化我掌握的情报。如果我手里有情报,但没有合适的概念来解读它,那么我会说这个情报不重要，或者我根本没有看到它。如果想要适应不断变化的环境，我们就必须保持相关性。"他继续说："直到最近，我们还在复盘我们做过的所有事情，除了我们的思维。"他解释说，问题是，"你不可能刻意改变一些你看不到的东西"。

当然，在看到奇怪或不寻常的事物时，将其定义为可疑的或有问题的是人之常情。琢磨难以置信的事情意味着你愿意给予它与已被认为是可信的事情一样的可信度。就像一直所说的那样，赎罪日战争、珍珠港事件和"9·11"事件不仅仅是情报工作的失败，也是想象力的失败，这些失败在很大程度上源于一套固定的预测模式。按照美国人的思维模式，他们无法想象日本人会袭击美国太平洋舰队的总部，正如他们无法想象19名劫机者会劫持商业客机，撞向世贸大厦和五角大楼一样。美国人掌握了情报，只是他们没有思考事件发生的可能性，当事件发生时，他们也没有做好准备。同样地，当新经济崩溃前，已经出现许多预警信号。事实上，早在1996年，联邦储备委员会（Federal Reserve Board）主席艾伦·格林斯潘（Alan Greenspan）就在发表他的著名演讲"非理性繁荣"时发出警告，股价涨得太厉害了。个人财富在几个小时内积累起来又化为乌有，新老经济产业股票市盈率的差异大得令人吃惊，没有收入来源的公司凭借巨大的估值冲击市场。此外，还有万有引力定律在起作用：上升的东西肯定会落下去。

创新在变化中前行。其中一部分是预测未知事物的能力——如果不能预测，至少要认识到它的存在。以色列人思维方式的一个重要特征就存在于这种朦胧之中——对瞬息变化的高度敏感性，这样才能在未知领域进行商业活动。当然，这在很大程度上源于以色列人长期生活的独特、危险的地缘政治环境，以及他们围绕这种环境建立的军事制度。但是，制度不是万能的。拉尼尔会见客户时做的主要事情就是为他们提供"工具"，用他的话说，就是"重塑"他们对局势的认知。"与我们合作的有高级将领和管理者，我们的日程非常紧凑：要在 6~10 个会期内改变他们的想法，而每个会期只有三个小时。一小群人来到这里，我们引导他们提出问题并解决问题。"例如，拉尼尔解释说，在做决定时，让他们"在诸多选择中做出最好的选择"。问题是在获得最高回报的同时要知道最终结果。但是，拉尼尔说："大多数情况下，管理者发现自己总是存在问题。他们不知道如何定义问题，（但）根据最终结果，他们知道是哪里出了问题。"

拉尼尔继续说："说到创新问题，我们对它有两个层面的理解。"一是"知道你所知道的"，这种层面的创新不超出现有知识的范围，例如给一个产品添加新的功能。不过，拉尼尔说，创新的第二个阶段，也是更深层次的阶段，源于意识到存在你不知道的东西。"我们的生活就像一场科学实验。我们总是处于紧张状态，我们不得不用'我不知道我知道什么'这句话来搪塞。"他接着拿 8200 部队作比较。"在 8200 部队，技术的核心问题在于获取所有的信号代码，将它们解码，并弄清它们的意义。创新需要多种思维品质，我们一直觉得这就像第二次世界大战。多年来，这里出现了许多条战线——以至于我们需要不停地转变思维方式。技术挑起了我们与敌人的秘密竞争：他们制造东西，我们探测侦察，他们严防死守。这种你来我往的较量进行得非常激烈。"

例如，当因提法达爆发时，以色列人必须立即转变思维方式。几个月内，这个国家从和平滑向了战争，这是一场不对等的较量，在这场较量中，公认的战斗谋略已经无关紧要。拉尼尔强调说："在低强度冲突中，所有想法都是毫无价值的，你没有东西可以攻击敌人或保卫自己。"这个时候，必须改变思维方式。拉尼尔说，在这种情况下，军队必须异常灵活。"他们要在短时间内快速学习。如果一种策略达不到目的，那就要尝试另一种策略。"这里有一个关于爱国者导弹电池的著名例子，它最初是作为防空系统的一部分开发的。1991年，第一次海湾战争期间，它未能有效阻止飞毛腿导弹从伊拉克发射到以色列。在那期间，当飞毛腿导弹落到人口密集的地区时，军队及其工程师团队正在编写软件，并做出调整，看看什么程序能够起作用。他们没有时间测试软件，因为导弹一到夜间就会过来。他们不会等到下一次袭击，而是立刻、马上改变他们的思维方式。不管你是否赞同以色列的政策，及其在第二次因提法达期间使用的策略，可以确定的是以色列成功且迅速地完成从应对常规战争，到应对游击战，再到应对低强度冲突的转变。显然，以色列不是唯一具有这种思维方式的国家。2004年3月底，以色列国防军在以色列召开它的第一次"低强度冲突"会议，100多名来自世界各地的政府和军队代表参加了这次会议，其中包括来自美国、俄罗斯、日本、意大利和土耳其的代表。

拉尼尔说："在每个领域，无论是战争领域还是商业领域，最有价值的都是知识。不仅要管理知识，还要创造知识——人类拥有创造知识的能力。此外，还有超越已知边界的知识。"拉尼尔继续说:"我们不能预测未来,但是我们可以创造一个敏感的预警探测概念,以便我们能够看到新的发展趋势。"

创新的机遇在于理解使用新方法的必要性——就像商界和投资者在2000年股市崩盘后不得不做出重大改变,美国公众在"9·11"事件和伊拉克战争后不得不调整思维方法。政治、经济、军事上发生重大变化甚至出现衰退可以被视为要么保持传统思维方式,要么切断线性思维方式并重新适应的分界点。以色列人称他们一直处于战争状态,战争有赢有输,但敌人总要想方设法打败你。所以,你必须时刻保持警惕,且要领先敌人一步。这种条件反射式的思维模式在以色列是普遍存在的:你要迅速行动、随机应变,你清楚自己了解什么,同时关注自己不了解的。2003年,《福布斯》杂志将总部设在硅谷的以色列软件公司美科利(或水星互动,Mercury Interactive)的首席执行官阿姆农提名为《福布斯》"年度企业家"。在接受《福布斯》采访时,阿姆农认为他在以色列国防军做空降兵、驻守黎巴嫩南部的那段经历是塑造他管理才能的最重要的因素之一,顺便说一下,这种管理才能使美科利公司的收入在1997~2002年每年增长36%。[10]他说,他在20岁时担任国防军排长,在夜间突袭抓捕恐怖分子的过程中,他学会了基本的管理学原理,包括勇于冒险、敌后潜伏、面对被杀或者更大的危险,不挪动一步。

在以色列,日常生活的生死考验锻炼人们从不同角度看待问题,他们尤其欣赏与众不同的、不可能的、不可知的东西,也正是这样的环境创造了一系列新机遇。

经历了20世纪末的转折性事件之后，突然之间，世界上大部分地区的人们都要面对他们不知道的各种问题。

旧规则不再适用，为新经济提供动力的技术也陷入崩溃。推动信息社会向前发展的技术是一把双刃剑，因为它同时引发了信息战。国防工业曾经引领技术和电信行业的发展，但是随着数字时代的到来，民营电话市场成为技术发展的驱动力。这种技术是人人都可以获得的，包括恐怖分子。"9·11"事件发生一年后，美国国家安全局局长迈克尔·V.海登（Michael V. Hayden）中将告诉《纽约时报》，奥萨马·本·拉登（Osama bin Laden）和他的部下是每年产出3万亿美元的电信行业的受益人。[11]

就在几十年前，远程通信还是相当简单的事情，窃听技能也是如此。通信只是将两个固定地点的参与者通过一条线路连接起来，为了达到监听目的，人们只需从线路的某个地方接入。现在，通信的体量和方式都大大增加，有移动电话、卫星电话和短信，还有无法追踪的电话卡、电子邮件和聊天室。廉价的加密技术很容易获得，数字信号实际淘汰了模拟通信，而许多电信公司正在投资将信号脉冲转变为光波的光纤电缆。现在，更多的通信是在无限宽的路径上进行的。

20世纪90年代，当世界许多国家还在迎接信息时代的到来时，以色列立刻抓住机遇，找到适应时代发展的技术并将其商业化的方式。十年后，当美国和其他国家开始努力同橙色代码、国土安全以及公司破产后的零碎问题作斗争时，以色列人又以几乎同样的方式进入战斗模式，并迅速做出改变。在国内外混乱的局势下，以色列各地的小公司着手解决新的问题。

以色列又一次做出调整。在屋顶、车库和办公室里，新创意正在孕育。早期的成功、从合作的科学家和工程师那里（这些人都是从以色列理工学院和其他以色列大学获得学位的天才级人物）学到的经验教训，刺激了下一波创业公司和企业家的出现。电信行业在20世纪90年代获得蓬勃发展，国土安全创新也在这个时候开始急追猛进。这种新需求不仅是全球性的，还是非常紧迫的。在国土安全成为大众焦点的时候，以色列被认定为国土安全领域的先驱。虽然美国建立了自己的国土安全办公室，还拥有360亿美元的预算，但它对这个领域并不了解。于是，以色列迅速展示它在这方面非比寻常的专业知识。以色列吉萨（Giza）风险投资公司国土安全技术主管塔尔·凯诺恩（Tal Keinon）说，他花了四个月的时间调查从事这个行业的以色列公司。他说："当数到第100个时，我不再往下查了。"

以色列人向来机敏灵活，善于找到可以改进的方法，他们开始推动一些技术向前发展，比如说生物测量技术，这种数据流可以以每秒1000笔的速度分析数十亿笔交易的来龙去脉，以侦查洗钱活动，还有爆炸物监测设备，以及能够感知入侵者，并识别入侵类型及入侵者是人还是动物的智能栅栏。2004年上半年，一家名为尼米西斯科（Nemesysco）的小公司推出一款配有微型测谎芯片的眼镜，该公司曾为军队、警局和保险行业开发语音分析和测谎技术，数学家阿米尔·利伯曼（Amir Lieberman）是该公司的负责人。这种芯片用3000种算法读取、分析佩戴者与他人的音频，不同颜色的灯显示这个人是在说真话还是在说谎话。[12]大约在同一时间，另一家名为哈阿尔贾兹（Ha'argaz）的小公司推出一款检测公交车上是否有自杀式炸弹袭击者的设备和试点项目。

以色列再次沉潜待发，推出一系列新的创意，而外国投资者又一次嗅觉灵敏地来到了以色列。

虽然所有的话题和讨论都集中在美国国土安全这一新出现的紧要概念上，但也有很多人在讨论、关注发展缓慢的美国国防基础设施。美国的许多场所和设施，包括机场、海港、炼油厂和发电站，容易成为恐怖分子的袭击目标。一个显著的担忧是，当美国的国防承包商和集成商人（integrator）开始制造挫败恐怖袭击的设备原型时，他们希望消除的威胁可能已经不复存在了，新的威胁很快出现。实际上，美国的两名国会议员，得克萨斯州民主党议员吉姆·特纳（Jim Turner）和宾夕法尼亚州共和党议员柯特·威尔顿（Curt Weldon）试图在某种程度上寻求补救方法。2004年3月2日，他们向国会提交了《美国国土安全基金法案》，法案承认以色列在开发预防、应对恐怖主义的技术方面拥有丰富的知识和经验，它提议拨款2500万美元，资助美国和以色列的私营企业共同研发国土安全技术。

* * *

随着21世纪的到来，以色列会和往常一样继续迎难而上。正如以色列人所说的，在以色列，生活的本质就是变化，而变化是一个强大的变革因素，这与该国的宏大主题——创造和重塑——并无二致。在接受《耶路撒冷邮报》采访时，海法大学的社会学家奥兹·阿尔莫格（Oz Almog）将现代以色列国和现代以色列人描述为以色列最极致的发明。毕竟，世界上没有多少文化是从一种意识形态中诞生的。[13]以色列把一件必须做的事情变成一件愿意做的事情,这种基于需求的力量不会随着时间的消散而减弱,反而成为一种动力引擎。使大部分社会陷入瘫痪的负面因素在这里转变成契机,可以肯定的是,这里存在着许多断裂和分歧,所以,它并不是一个完整且完美的成功故事,但是,它无疑是一个关于创新成功的故事。

注　释

第一章　拦截

1. Robert Satloff, "The Peace Process at Sea: The *Karine-A Affair* and the War on Terrorism," *National Interest*, The Washington Institute for Near East Policy, Spring 2002.
2. 《奥斯陆协议》是 1993 年 9 月巴勒斯坦和以色列为解决巴以冲突而签订的一系列框架协议。
3. Netty C.Gross, "Israel: When Arafat's Ship Sailed," *The Jerusalem Report*, September 9, 2002.
4. Michael Kelly, "It All Points to Arafat," *The Washington Post*, January 9, 2002.
5. Yaakov Erez, "A Perfect Operation," Ma'ariv, January 6, 2002, and Arieh O'Sullivan, "Quick and Short, Without Any Opposition," *The Jerusalem Post*, January 6, 2002.
6. Amir Rappaport, "Security Officials: 'Arafat Knew and Approved,'" *Yedioth Ahronoth*, January 6, 2002.
7. Alex Fishman and Amir Rappaport, "It's in Our Hands," *Yedioth Ahronoth*, January 6, 2002.
8. 参看以色列国防军新闻发言人团队 2002 年 1 月 4 日召开的新闻发布会。
9. 在以色列国防军新闻发言人团队 2002 年 1 月 4 日召开的新闻发布会上，国防军参谋长沙乌勒·莫法兹发表了关于截获"卡琳娜 -A"号货船的讲话。
10. 在以色列国防军新闻发言人团队 2002 年 1 月 4 日召开的新闻发布会上，国防军参谋长沙乌勒·莫法兹发表了关于截获"卡琳娜 -A"号货船的讲话。
11. Yaakov Erez, "A Perfect Operation," *Ma'ariv*, January 6, 2002.
12. 这些话是在查获"卡琳娜 -A"号后在埃拉特港举行的新闻发布会上说的。出席发布会的有以色列总理、国防部长、以色列国防军参谋长和以色列海军司令，以色列国防军发言人团队，2002 年 1 月 6 日。
13. 2002 年 1 月 4 日，以色列国防军新闻发言人团队在新闻发布会上简要介绍了这次行动和事件的经过。另外，参见 Ministry of Foreign Affairs Statement, "Seizing of the Palestinian Weapons Ship *Karine-A*, January 4, 2002.

14. "Israel Intercepts Palestinian Arms Shipment," International Policy Institute for Counter-Terrorism, Interdisciplinary Center Herziliya, January 5, 2002, and Robert Satloff, "The Peace Process at Sea: The *Karine-A* Affair and the War on Terrorism," *National Interest*, The Washington Institute for Near East Policy, Spring 2002.
15. "Israel Intercepts Palestinian Arms Shipment," International Policy Institute for Counter-Terrorism, Interdisciplinary Center Herziliya, January 5, 2002.
16. Robert Satloff, "*Karine-A*: The Strategic Implications of Iranian-Palestinian Collusion," The Washington Institute for Near East Policy, *PolicyWatch*, No.593, January 15, 2002; Douglas Frantz and James Risen, "A Nation Challenged: Terrorism: A Secret Iran-Arafat Connection Is Seen Fueling the Mideast Fire, *The New York Times*, March 24, 2002; and Isabel Kershner, "The Changing Colors of Imad Mughniyah," *The Jerusalem Report*, March 25, 2002.
17. Alex Fishman and Amir Rappaport, "It's in Our Hands," *Yedioth Ahronoth*, January 6, 2002.
18. 引自 2002 年 1 月 6 日查获"卡琳娜 -A"号船后以色列总理亚西尔·沙龙在埃拉特的讲话。
19. 虽然一些新闻报道中说，以色列把这一不可否认的证据交给了布什政府，但该证据并未公之于众。例如，2002 年 1 月 9 日，德巴克（Debkafile）情报的一篇名为《巴勒斯坦安全主管达赫兰（Dahlan）监督"卡琳娜 -A"号在迪拜装货上船》的报告中说，以色列情报官员正前往华盛顿特区，向助理国务卿威廉·布恩斯（William Burns）、情报官员和美国国防部官员展示亚西尔·阿拉法特与该行动有直接联系的证据。报告中说，有证据表明，当船只装载武器时，巴勒斯坦民族权力机构驻加沙安全防卫主管穆罕默德·达兰 (Mohamed Dahlan) 就在迪拜。
20. Ben Caspit, "Israel and U.S.Exchanged Intelligence Regarding Arms Ship," *Ma'ariv*, January 6, 2002; see also Jonathan Marcus, "Analysis: The CIA and the Arms Ship," *BBC News*, January 15, 2002, and "Major Israeli Haul of Palestinian Arms," *Debkafile Intelligence Files*, January 4, 2002.
21. Lee Hockstader, "Iran Implicated by Captain in Seized Weapons Shipment: Comments Appear to Back Israeli Allegations," *The Washington Post*, January 9, 2002.
22. 文字记录由格里罗特特别研究中心提供。
23. 详情参见 Michael Oren, *Six Days of War*: June 1967 *and the Making of the Modern Middle East*, Oxford University Press, Oxford, 2002, and Ian Black and Benny Morris, *Israel's Secret Wars*: *A History of Israel's Intelligence Services,* Grove Press, New York, 1991.
24. Ian Black and Benny Morris, *Israel's Secret Wars*: *A History of Israel's Intelligence Services*, Grove Press, New York, 1991, p.298.
25. 参见 :William Claiborne, "Israeli Port Called Goal of Gunman," *The Washington Post*, October 10, 1985; Fred Hiatt and Dale Russakoff, "Four Bunglers Shake the Global Community," *The Washington Post*, October 13, 1985; William Claiborne, "Israeli

Text Quotes Order by Abbas," The Washington Post, October 17, 1985; Howard Kurtz and Joe Pichirallo and Richard Harwood and John M.Gashko, " 'Hard Evidence' Against Abbas," *The Washington Post*, October 17, 1985; and Ian Black and Benny Morris, *Israel's Secret Wars: A History of Israel's Intelligence Services*, Grove Press, New York, 1991, pp.457-458。

第二章 开端

1. Howard Sachar, *A History of Israel: From the Rise of Zionism to Our Time*, Alfred A.Knopf, New York, 1986, p.311.
2. Declaration of the Establishment of the State of Israel, May 14, 1948, Israeli Ministry of Foreign Affairs.
3. Ian J.Bickerton and Carla L.Klausner, *A Concise History of the Arab-Israeli Conflict*, Prentice Hall, Upper Saddle River, New Jersey, 2002, p.103.
4. Amos Oz, *Under This Blazing Light*, Cambridge University Press, Cambridge, 1995, pp.31-32. Reprinted with the permission of Amos Oz and Cambridge University Press.
5. http://www.us-israel.org/jsource/Immigration/Immigration_Since_1948.htm.
6. 数据来源：2003 年 3 月 6 日在以色列日报《国土报》上刊登的一系列文章以及海法大学国家安全研究中心网站，http://research.haifa.ac.il~focus/2002-summer/17security.html。
7. 不管以色列政府还是巴勒斯坦民族权力机构都没有正式承认 2003 年 11 月 24 日公布的《日内瓦协议》。
8. Ephraim Kishon, "Happy Birthday to the State of Israel," *The Atlantic Monthly*, November 1961, Vol.208, No.5, pp.92-93.
9. 2001 年即将卸任总统时，美国总统比尔·克林顿动用总统赦免权，赦免阿尔·修默。
10. 以色列航空工业公司数据摘引自胡佛公司网站：http://www.hoovers.com，截止到 2002 年。
11. 参见耐特菲姆公司网站 :http://www.netafim.com。
12. Yivsam Azgad, *Shaping the Future: The Weizmann Institute for Science, Scientific Milestones During Israel's First Half Century*, English edition, 2000, p.191.
13. Israel Ministry of Foreign Affairs, "The High Tech Sector," http://www.mfa.gov.il/mfa/go.asp?MFAH0jdq0.
14. Israel Ministry of Foreign Affairs, "The High Tech Sector," http://www.mfa.gov.il/mfa/go.asp?MFAH0jdq0.
15. Israeli Ministry of Foreign Affairs, "Looking at Israel: Economy," http://www.israel.org/mfa/go.asp?MFAH0hg10, and data from Israel's Central Bureau of Statistics report: "National Expenditure on Civilian Research and Development, 1989-2001," published October 2002.

16. Michele Gershberg, "Identical Twins Crack Face Recognition Puzzle," *Reuters*, March 9, 2003; "Two Faces," *Ha'aretz*, March 17, 2003.
17. Haganah Museum, Tel Aviv, Israel.
18. Howard Sachar, *A History of Israel: From the Rise of Zionism to Our Time*, Alfred A.Knopf, New York, 1986, pp.270-271.
19. Ian Black and Benny Morris, *Israel's Secret Wars: A History of Israel's Intelligence Services*, Grove Press, New York, 1991, p.48.

第三章 安全是创新的摇篮

1. Amos Harel, "Soldiers Capture Two Islamic Jihad Men on Their Way to a Suicide Bombing Inside Israel," *Ha'aretz*, February 7, 2003.
2. Roni Singer and Jalal Bana, "Police Find Explosive Belt to Be Used by Jihad Militants in Taibeh Mosque," *Ha'aretz*, February 7, 2003.
3. Roni Singer and Jalal Bana, "Police Find Explosive Belt to Be Used by Jihad Militants in Taibeh Mosque," *Ha'aretz*, February 7, 2003.
4. Margot Dudkevitch, "IDF Nabs Would'be Suicide Bombers," *The Jerusalem Post*, February 7, 2003.
5. 数据来源：以色列国防军新闻发言人团队和以色列外交部 2000 年 9 月 29 日至 2004 年 3 月 23 日的新闻报道和官方文件。
6. 数据来源：Israeli Ministry of Foreign Affairs, "Suicide and Other Bombing Attacks in Israel Since the Declaration of Principles," September 1993。
7. 巴勒斯坦中央统计局 2000 年 9 月 29 日至 2004 年 2 月 29 日公布的数据。
8. According to the Israeli Ministry of Foreign Affairs, "Suicide and Other Bombing Attacks in Israel Since the Declaration of Principles," September 1993.
9. Bradley Burston, "Who's Next? 'Israel's Most Wanted…and Hamas'," *Ha'aretz*, March 25, 2004.
10. 数据来源：以色列国防军新闻发言人团队和以色列外交部 2000 年 9 月 29 日至 2004 年 3 月 23 日的新闻报道和官方文件。
11. Amos Harel and Arnon Regular, "IDF Kills 13 Palestinians in Biggest Operation in Gaza Since Start of Intifada," *Ha'aretz*, January 27, 2003.
12. 参见以色列人权组织 B'tselem 的官方网站, http://www.btselem.org。
13. Amos Harel, "IDF Places Territories Under Full Closure," *Ha'aretz*, February 11, 2003.
14. 1956 年，以色列警察在卡塞姆村（Kafr Kassem）杀死 47 名阿拉伯人后，以色列政府颁布一条法令，规定士兵可以拒绝执行在不是很具体的情况下下达的、被认为"明显非法的"杀戮命令。关于这个事件及随后颁布法令的详细内容，参见 Joel Greenberg, "School Official Wants to Mark Israeli Atrocity," *The New York Times*, October 7, 1999。
15. Based on material published in "Rumblings in Unit 8200," *Ma'ariv*, January 28,

2003; Amos Harel, *Ha'aretz*, January 31, 2003; and as reported by Chris McGreal, "Israeli Officer Tried for Sabotaging Raid," *The Guardian*, February 3, 2003, and Ed O'Loughlin, "Officer's Stand Splits Israeli Military Intelligence," *The Herald*, February 4, 2003.
16. Margot Dudkevitch, "Six Hamas Men Killed While Packing Drone with Explosives," *The Jerusalem Post*, February 17, 2003.
17. Ian J.Bickerton and Carla A.Klausner, *A Concise History of the Arab-Israeli Conflict*, Prentice Hall, Upper Saddle River, New Jersey, 2002, p.334.
18. 更多关于以黎边境局势及以色列国防军应对措施的内容，参见 Anthony H.Cordesman's draft of "Israel and Lebanon: The New Military and Strategic Realities," Arleigh A.Burke, Chair in Strategy, Center for Strategic and International Studies, August 2000, http://www.csis.org/stratassessment/reports/IsraelLebanonReal-ities.pdf。
19. Bradley Burston, "Suicide and Sisyphus: Israel's Dwindling Anti-Terror Arsenal," *Ha'aretz*, May 20, 2003.
20. Federation of American Scientists, Space Policy Project, Special Weapons Monitor, http://www.fas.org/spp/starwars/program/arrow.htm.
21. Hilary Leila Krieger, "The Creation Story," *The Jerusalem Post*, July 10, 2003.
22. Samuel M.Katz, *Soldier Spies: Israeli Military Intelligence*, Presidio Press, Novato, California, 1994, pp.128-129, and an interview with former senior Israeli officer, Tel Aviv, December 31, 2002.
23. 美国军方在越南战争期间开始发展无人机项目，但最终放弃了这个项目，因为一开始获取信息太慢，以至于这些信息不再具有重要意义。此外，美国开发的系统造价昂贵，设计也相当复杂。
24. Amnon Barzilai, "IDF Unveils Rear Gun for Tank, Miniature Airborne Camera," *Ha'aretz*, March 24, 2003.
25. "Israel Develops Credit Card Sized 100g Aircraft," *Agence France Presse*, March 8, 2003.
26. Hilary Leila Krieger, "The Creation Story," *The Jerusalem Post*, July 10, 2003.
27. Walter Pincus, "U.S. Strike Kills Six in Al Qaeda," *The Washington Post*, November 5, 2002.
28. CIA World Factbook, 2002, www.cia.gov/ccia/publications.factbook.geos.
29. CIA World Factbook, 2002, www.cia.gov/ccia/publications.factbook.geos (figures for 1999).
30. Stacy Perman, "Danny Yatom," *Business* 2.0 *online*, December 2001, www.business2.com/preview.articles/mag/0,1640,35218/2, FF.html.
31. Samuel M.Katz, *Soldier Spies: Israeli Military Intelligence*, Presidio Press, Novato, California, 1994, pp.334-335; and Ian Black, "Lockerbie: At Last the Trial Begins," *The Guardian*, May 3, 2000.
32. Dan Breznitz, "The Military as a Public Space: The Role of the IDF in the Israeli

Software Innovation System, Industrial Performance Center," MIT Media Lab Europe, Dublin, Ireland, MIT Department of Political Science, Massachusetts Institute of Technology, 2002, and G.Ariav and S.E. Goodman, "Israel: Of Swords and Software Plowshares," *Communications of the ACM*, Vol.37, No.6, June 1994.
33. Ian Black and Benny Morris, *Israel's Secret Wars: A History of Israel's Intelligence Services*, Grove Press, New York, p.48.
34. Stanley Blumberg and Gwinn Owens, *The Survival Factor: Israeli Intelligence from World War I to the Present*, GP Putnam's Sons, New York, 1981, pp.104-105.
35. Howard Sachar, *A History of Israel, Volume II: From the Aftermath of the Yom Kippur War*, Oxford University Press, New York, 1987, p.251.
36. Based on material from the IDF's online archived history ,http://www.idf.il/english/organization/iaf/iaf5-2.stm, and an interview with a former senior Israeli officer, 1/4/03, Tel Aviv. Also see Samuel M.Katz, *Soldier Spies: Israeli Military Intelligence*, Presidio Press, Novato, California, 1994, pp.125-126.

第四章　头脑

1. 关于铀船事件的记述参见 Dennis Eisenberg, Eli Landau, and Menashem Portugali, *Operation Uranium Ship*, Signet, New York, 1978, and by Elaine Davenport, Paul Eddy, and Peter Gillman, *The Plumbat Affair*, Deutsch, London, 1978。
2. Arieh O'sullivan, "MI Slammed for Failing to Assess Iraq WMD Threat," *The Jerusalem Post*, March 28, 2004, and Ze'ev Schiff, "Failures and Mistakes," *Ha'aretz*, March 29, 2004.
3. Alan Cowell, "The Daring Attack That Blew Up in Israel's Face," *The New York Times*, October 15, 1997.
4. 关于摩西行动和所罗门行动,可以从以色列埃塞俄比亚犹太人协会推出的《埃塞俄比亚犹太人历史》中找到一些资料。
5. 以色列军队审查员将该事件隐瞒了十多年,直到 2003 年,以美国为首的联合部队在伊拉克抓捕萨达姆·侯赛因后,他们才公布这一信息。
6. JPOST.com Staff, "Elite IDF Sayeret Matkal Unit Trained Saddam Hit in 1992," *The Jerusalem Post*, December 16, 2003.
7. "Report: Mossad Has Assad Urine Sample Indicating He's 'Living on Borrowed Time,'" *The Jerusalem Post*, January 10, 2000.
8. Stewart Steven, *Spymasters of Israel*, Macmillan Publishing, New York, 1980, p.169.
9. James Bamford, "Eyes in the Sky, Ears to the Wall and Still Wanting," *The New York Times*, September 8, 2002.
10. Richard Deacon, *The Israeli Secret Service*, Hamish Hamilton, London, 1977, p.122.
11. Richard Deacon, *The Israeli Secret Service*, Hamish Hamilton, London, 1977, p.125.
12. Richard Deacon, *The Israeli Secret Service*, Hamish Hamilton, London, 1977, p.129.
13. Stewart Steven, *Spymasters of Israel*, Macmillan Publishing, New York, 1980, p.189.

第五章　窃听

1. Samuel M.Katz, *The Hunt for the Engineer: How Israeli Agents Tracked the Hamas Master Bomber*, Fromm International Publishing Corporation, New York, 1999, p.178.
2. Jeffrey Bartholet, Tom Masland, and Gregory Vistica, "Spooking the Spooks," *Newsweek*, March 18, 1996.
3. Serge Schmemann, "Palestinian Believed to Be Bombing Mastermind Is Killed," *The New York Times*, January 5, 1996.
4. Samuel M.Katz, *The Hunt for the Engineer: How Israeli Agents Tracked the Hamas Master Bomber*, Fromm International Publishing Corporation, New York, 1999, p.249.
5. Ian Black and Benny Morris, *Israel's Secret Wars: A History of Israel's Intelligence Services*, Grove Press, New York, 1991, p.470.
6. Victor Ostrovsky and Claire Hoy, *By Way of Deception*, St.Martin's Press, New York, 1990, p.151.
7. Yuval Dror, "Intelligence Unit Fights for Tomorrow's Engineers," *Ha'aretz*, November 8, 2000.
8. Benny Morris, *Israel's Border Wars*, Oxford University Press, New York, 1993, p.336; Interview, Yossi Melman, Tel Aviv, January 17, 2003; and Samuel M.Katz, *Soldier Spies: Israeli Military Intelligence*, Presidio Press, Novato, California, pp. 108-109.
9. Robert Hotz, "Changing Egypt," *Aviation Week*, June 30, 1975.
10. IDF Spokesperson's Unit online archive, http://www.idf.il/english/organization/iaf/iaf5.stm, July 30, 1970, Israel vs.USSR, www.geocities.com/capecanaveral/hangar/2448/operate5.htm; Eric Hehs, "Israeli Air Force: 50 Years of Air Superiority," *Code One magazine*, July 1998; and an interview with a former senior Israeli officer.
11. 同上。

第六章　情报搜集机构

1. Arieh O'sullivan, "Anatomy of an Air Force Raid in Syria," *The Jerusalem Post*, October 26, 2003.
2. William Safire, "Adding Up Evidence Against Assad's Syria," *The International Herald Tribune*, October 10, 2003; Douglas Jehl, "Construction Was Spotted at Syrian Camp Hit by Israel," *The New York Times*, October 10, 2003; and David Ensor and Andrea Koppel, "U.S. Confirms Construction at Israeli's Syria Target," CNN, October 10, 2003.
3. Matt Rees, "Northern Exposure," *Time*, October 13, 2003.
4. Dan Raviv and Yossi Melman, *Every Spy a Prince*, Houghton Mifflin, Boston, 1990, p.206.
5. Interviews, Tel Aviv, 2003.

6. http://www.isayeret.com.
7. 虽然无人机拍摄到事件的整个过程，它显示导弹精确命中目标，但伤亡人数并不能推翻以色列国防军和巴勒斯坦人对事件后果的不同说法。事件发生后，以色列议会成员（既有以色列人又有以色列阿拉伯人）组织了一次调查。他们声称，导弹袭击之所以造成大量伤亡是因为以色列使用了一种"禁用的秘密武器"，这种武器比报道中使用过的"地狱火"导弹更具杀伤力。对许多人来说，这个问题仍然悬而未决。
8. Thomas W.Lippman and Barton Gellman, "U.S.Says It Collected Iraq Intelligence Via UNSCOM," *The Washington Post*, January 8, 1999. 欲知以色列-UNSCOM联系的更多信息，参见 Scott Ritter, *Endgame: Solving the Iraq Crisis*, Simon & Schuster, New York, 1999。
9. Wayne Madsen, "Crypto AG: The NSA's Trojan Whore?" *Covert Action Quarterly*, No.63, Winter 1998.
10. Wayne Madsen, "Crypto AG: The NSA's Trojan Whore?" *Covert Action Quarterly*, No.63, Winter 1998, and Scott Shane and Tom Bowman, "Rigging the Game," *The Baltimore Sun*, December 10, 1995, and "Swiss Firm Denies Allegations of Rigging," *The Baltimore Sun*, December 15, 1995. 虽然有各种猜测，但2003年，利比亚公开承认自己是洛克比空难的幕后主使。
11. Seymour M.Hersh, "The Deal," *The New Yorker*, March 8, 2004.
12. Ian Black and Benny Morris, *Israel's Secret Wars: A History of Israel's Intelligence Services*, Grove Press, New York, 1991, p.232, and Zeev Schiff, *A History of the Israeli Army: 1874 to the Present*, Macmillan Publishers, London, 1987, p.200.
13. Matt Rees, Jamil Hamad, and Aharon Klein, "The Enemy Within; Beset by the Israelis, Palestinians See Collaborators All Over," *Time*, August 27, 2001.
14. JPOST.com Staff, "Rantisi: I May Have Helped Israel Target Me by Phoning a Friend," *The Jerusalem Post*, June 17, 2003.
15. Ian James, "Critics: Israeli Strikes Doing More Harm," *Associated Press*, September 2, 2003; Michael Holmes, "Civilians Living in Fear in Gaza," *CNN*, August 28, 2003; and "Hamas Men Hide to Avoid Instant Death," *Reuters*, August 27, 2003.
16. Margot Dudkevitch, "11-Year-Old Boy Used as Human Bomb," *The Jerusalem Post*, March 16, 2004, and "Child Sacrifice," *The Jerusalem Post*, March 16, 2004.
17. Lou Dolinar, "Cell Phones Jury-Rigged to Detonate Bombs," *Newsday*, March 15, 2004, and John J.Lumpkin, Endnotes 229 "Electronic Road Bomb 'Jammers' Help Protect U.S. Convoys," *Associated Press*, January 31, 2003.

第七章　天才部队

1. Ian J.Bickerton and Carla L.Klausner, *A Concise History of the Arab-Israeli Conflict*, Prentice Hall, Upper Saddle River, New Jersey, p.175.
2. Howard Sachar, *History of Israel: Volume II from the Aftermath of the Yom Kippur*

War, Oxford University Press, New York, p.3.
3. Interview, Hanoch Zadik, Tel Aviv, January 29, 2003.
4. MAFAT：国防部武器与技术基础设施发展管理局。
5. MAFAT：国防部武器与技术基础设施发展管理局。

第八章　士兵故事

1. Batya Feldman, "Nerds in Uniform," *Globes*, August 2, 2000.
2. 示波器是一种设备，它使用阴极射线管在荧光屏上生成电流的可视化记录。
3. 1986年，一家名为3D系统（3D Systems）的公司在加利福尼亚州的瓦伦西亚市成立，在快速成像领域，它被认为处于世界领先地位。

第九章　战火淬炼

1. Yuval Dror, "Intelligence Unit Fights for Tomorrow's Engineers," *Ha'aretz*, November 8, 2000.

第十章　间谍公司

1. Lea Goldman, "A Fortune in Firewalls," *Forbes*, March 18, 2002.
2. 同上。
3. Data from a survey released by IDC, see Paul Roberts, "Security Market to Reach $45 Billion by 2006," *IDG News Service*, February 4, 2003.
4. "The Spread of the Sapphire/Slammer Worm," http://www.cs.berkeley.edu/~nweaver/sapphire/.
5. Jeffrey Gold, "NICE Systems: Company Behind 'This Call May Be Recorded,'" *Associated Press*, August 10, 2003.
6. Claudia H.Deutsch, "Monitoring Calls in New World of Quality Assurance," *The New York Times*, July 28, 2003.
7. Seth Schiesel, "Security Cameras Now Learn to React," *The New York Times*, March 3, 2003.

第十一章　迎难而上

1. Israel Venture Capital Research Center.
2. Israel Venture Capital Research Center.
3. Rick Radin, "Orna Berry Charting a Course for Israeli Business," *Israel21c.com*, August 12, 2002.
4. Yuval Dror, "Intelligence Unit Fights for Tomorrow's Engineers," *Ha'aretz*, November 8, 2000.

5. Josh Wander, "Mossad Opens Doors to Techies," *The Jerusalem Post*, April 17, 2001.
6. 汤姆·瓦茨是 Gilat 公司发展史上所说的美林证券分析师。
7. Lt. Col. James P.DeLoughry, "The United States and the LAVI," *USAF Airpower Journal*, Vol.IV, No.3, Fall 1990.
8. John T.Haldane, "The Lavi Fighter: Lion or Lemon?" *Trade and Finance*, August 11, 1986.
9. Lt. Col. James P.DeLoughry, "The United States and the LAVI," *USAF Airpower Journal*, Vol.IV, No.3, Fall 1990.
10. Bruce Upbin, "Higher Ground," *Forbes*, October 27, 2003.
11. James Bamford, "Eyes in the Sky, Ears to the Wall, and Still Wanting," *The New York Times*, September 8, 2002.
12. Colin Johnson, "Lie-detector Glasses Offer Peek at Future of Security," *eetimes*, January 18, 2004, and *Israel High-Tech & Investment Report*, February 2004.
13. Hillary Leila Krieger, "The Creation Story," *The Jerusalem Post*, July 10, 2003.

参考文献

Bamford, James, The Puzzle Palace, *Inside the National Security Agency*, Penguin Books USA, 1983.

Bickerton, Ian J., and Carla A. Klausner, *A Concise History of the Arab-Israeli Conflict*, Prentice Hall, Upper Saddle River, NJ, 2002.

Black, Ian, and Benny Morris, *Israel's Secret Wars: A History of Israel's Intelligence Services*, Grove Press, New York, 1991.

Breznitz, Dan, *The Military as a Public Space—The Role of the IDF in the Israeli Software Innovation System*, Industrial Performance Center, MIT Media Lab Europe, Dublin, Ireland, MIT Department of Political Science, Massachusetts Institute of Technology, 2002.

Cohen, Avner, *Israel and the Bomb*, Columbia University Press, October 1999.

Cordesman, Anthony H., *Israel and Lebanon: The New Military and Strategic Realities* (draft), Arleigh A. Burke Chair in Strategy, Center for Strategic and International Studies, August 2000.

Deacon, Richard, *The Israeli Secret Service*, Hamish Hamilton, London, 1977.

Dobson, Christopher, and Ronald Payne, *The Dictionary of Espionage*, Grafton Books, London, 1986.

Dvir, Dov, and Asher Tishler, *The Changing Role of the Defense Industry in Israel's Industrial and Technological Development, The Place of the Defense Industry in National Systems of Innovation*, Judith Reppy, ed., Peace Studies Program, Cornell University, Occasional Paper #25, April 2000.

Fridell, Ron, *The Modern World of Espionage Spying*, TwentyFirst Century Books, Brookfield, Connecticut, 2002.

Friedland, Roger, and Richard Hecht, *To Rule Jerusalem*, Cambridge University Press, 1996.

Katz, Samuel M., *Soldier Spies: Israeli Military Intelligence*, Presidio Press, 1992.

Katz, Samuel M., *The Hunt for the Engineer: How Israeli Agents Tracked the Hamas*

Master Bomber, Fromm International Publishing Corporation, New York, 1999.

Morris, Benny, *Israel's Border Wars, 1949–1956: Arab Infiltration, Israeli Retaliation and the Countdown to the Suez War*, Oxford University Press, Oxford, 1993.

Oren, Michael, *Six Days of War: June 1967, and the Making of the Modern Middle East*, Oxford University Press, 2002.

Ostrovsky, Victor, and Claire Hoy, *By Way of Deception*, St. Martin's Press, New York, 1990.

Oz, Amos, *Under This Blazing Light*, Cambridge University Press, New York, 1995.

Raviv, Dan, and Yossi Melman, *Every Spy a Prince*, Houghton Mifflin, Boston, 1990.

Ritter, Scott, *Endgame: Solving the Iraq Crisis*, Simon & Schuster, New York, 1999.

Rouach, Daniel, and Jeff Saperstein, *Creating Regional Wealth in the Innovation Economy: Models, Perspectives and Best Practices*, Financial Times/Prentice Hall, Upper Saddle River, NJ, 2002.

Sachar, Howard, *A History of Israel: From the Rise of Zionism to Our Time*, Alfred A. Knopf, New York, 1986.

Sachar, Howard, *A History of Israel: From the Aftermath of the Yom Kippur War*, Volume II, Oxford University Press, New York, 1987.

Steven, Stewart, *The Spymasters of Israel*, Macmillan, New York, 1980.

译后记

《间谍大师：情报、技术与以色列商业创新》由河南大学以色列研究中心、河南大学历史文化学院副教授马丹静和郑州大学国际教育学院讲师张瑞翻译，具体分工情况如下：张瑞负责翻译前言、致谢部分和第一、二、三章；马丹静负责翻译第四至第十一章，并负责全书的修改和校对工作。

创新是国家安全的重要保障，情报侦察系统、军事装备、网络安全技术等都依赖科技创新活动。由于以色列特殊的地缘政治环境，在国家安全方面，它一直面临着诸多挑战。以色列宣布建国的第二天，就遭到埃及、外约旦、叙利亚、黎巴嫩和伊拉克五个阿拉伯国家的围攻，从而爆发了第一次中东战争。在接下来的几十年里，以色列又经历了多次中东战争，如1956年的苏伊士运河战争、1967年的"六日战争"、1973年的赎罪日战争，以及无数次的冲突和恐怖袭击。这些战争、冲突和恐怖袭击对以色列的国家安全构成了严峻的挑战。所以，自建国以来，维护国家安全一直是以色列的第一要务。

值得注意的是，情报系统为维护国家安全提供了必要的信息支持。情报机构能够搜集、分析和处理与国家安全相关的信息，从而为决策者提供关于潜在威胁的预警和评估。以色列拥有多个情报机构，最为知名的是摩萨德，其次是以色列国家安全局（辛贝特）、以色列军事情报局（阿曼），以及隶属以色列国防军的 8200 部队。由于情报机构的活动往往涉及敏感信息，所以，公众对它们知之甚少，特别是 8200 部队，几十年来，这个部队一直隐在暗处，就连部队成员都避免提及它的存在。但是近年来，这个部队与以色列商业创新和高科技繁荣的联系引起人们的注意，因为人们发现，以色列许多高科技公司的创立者都与这个部队有着千丝万缕的联系。简单地说，这个部队是培养以色列企业家的摇篮，也是以色列创新创业活动的一个重要孵化器。作为以色列最神秘的情报部队，8200 部队不仅在维护国家安全方面发挥着重要作用，还为以色列的创新创业活动提供人力和智力支持，它一度被认为是以色列创新活力中最耀眼的存在。

本书讲述的是以色列技术创新和商业创新的故事。独特的地缘政治环境造就了以色列人独特的创新思维方式，而 8200 部队是这种思维方式最完美的体现。作为以色列国防军中的技术精英部队，8200 部队成员用一个个创新故事诉说着一段段传奇。他们研发的技术被应用到商业领域，造就了大量的高科技公司，其中一些在全球范围内享有盛誉。在这个被称为"创新者的国度"，8200 部队如何扮演创新孵化器的角色，如何推动技术创新，如何将军用技术应用到民用领域，相信读者会在本书中找到答案。

最后，感谢河南大学各位领导和同事的支持，希望本书能够给读者带来启发并提供借鉴。由于能力和水平有限，本书的翻译还有不完善、不严谨之处，恳请各位读者批评指正。

图书在版编目(CIP)数据

间谍大师:情报、技术与以色列商业创新/(美)史黛西·珀曼(Stacy Perman)著;马丹静,张瑞译. --北京:社会科学文献出版社,2024.6
(河南大学以色列研究译丛)
书名原文:Spies, Inc.: Business Innovation from Israel's Masters of Espionage
ISBN 978-7-5228-3130-5

Ⅰ.①间… Ⅱ.①史…②马…③张… Ⅲ.①商业信息-间谍 Ⅳ.①F713.51

中国国家版本馆 CIP 数据核字(2024)第 023988 号

·河南大学以色列研究译丛·
间谍大师:情报、技术与以色列商业创新

著　　者 / [美]史黛西·珀曼(Stacy Perman)
译　　者 / 马丹静　张　瑞

出 版 人 / 冀祥德
责任编辑 / 李明伟
责任印制 / 王京美

出　　版 / 社会科学文献出版社·区域国别学分社(010)59367078
　　　　　　地址:北京市北三环中路甲29号院华龙大厦　邮编:100029
　　　　　　网址:www.ssap.com.cn
发　　行 / 社会科学文献出版社(010)59367028
印　　装 / 三河市东方印刷有限公司

规　　格 / 开　本:880mm×1230mm　1/32
　　　　　　印　张:7.75　字　数:171千字
版　　次 / 2024年6月第1版　2024年6月第1次印刷
书　　号 / ISBN 978-7-5228-3130-5
著作权合同
登 记 号 / 图字01-2024-2454号
定　　价 / 79.00元

读者服务电话:4008918866

版权所有 翻印必究